活着的祖宗：九龍中部的舊村、祖堂和祖墳

香港中文大學歷史系
公眾史學叢書

中華書局

張瑞威　著

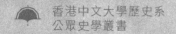

香港中文大學歷史系
公眾史學叢書

活着的祖宗：
九龍中部的舊村、祖堂和祖墳

張瑞威 著

責任編輯	黎耀強	
裝幀設計	簡雋盈	
排　　版	時　潔	
印　　務	劉漢舉	

出版

中華書局（香港）有限公司

香港北角英皇道 499 號北角工業大廈 1 樓 B

電話：（852）2137 2338

傳真：（852）2713 8202

電子郵件：info@chunghwabook.com.hk

網址：http://www.chunghwabook.com.hk

發行

香港聯合書刊物流有限公司

香港新界荃灣德士古道 200 - 248 號

荃灣工業中心 16 樓

電話：（852）2150 2100

傳真：（852）2407 3062

電子郵件：info@suplogistics.com.hk

版次

2024 年 5 月初版

2024 年 11 月第二次印刷

© 2024 中華書局（香港）有限公司

規格

16 開（230mm x 155mm）

ISBN

978-988-8861-68-2

獻給

九龍衙前圍村民

「香港中文大學歷史系公眾史學叢書」總序

　　欣見香港中文大學歷史系行將推出一系列公眾歷史學術叢書，由香港中華書局出版。第一本是歷史系主任張瑞威教授的《活着的祖宗：九龍中部的舊村、祖堂和祖墳》，即將付梓，問序於余，蓋因中文大學歷史系的公眾歷史課程，由二十年前引進，到碩士課程的成立及本科公眾史各科目的發展，我都有份參與其中，故此樂意借此機會，交代一下公眾史學或公共史學在中文大學歷史系發展的背景。

　　何謂公眾史學（Public History）？這個名詞的流行，實際上是過去三十年間的事，主要是由一群美國歷史學者的推動所致。這群歷史學者以加州大學聖巴巴拉分校的羅勃凱利（Robert Kelley）為首，在七十年代初期積極推行公眾史學，創辦《公眾史家》（*The Public Historian*）學術期刊（1978 年），成立美國公眾史學理事會

的全國性機構，又在不同的大學及研究院裏設立公眾歷史課程，引起了學界及公眾對這門史學的興趣和討論。

說起羅勃凱利這位推動美國公眾史學的先行者，我和他倒有一段淵源。他是美國加州大學聖巴巴拉分校的歷史學教授，主要教授美國思想史和文化史。他也擔綱主教一門美國通史的大課，全班修讀的同學超過一千人。那時候，我是歷史系的研究生，主修中國近代史，導師是徐中約教授，副修是美國外交史，導師是 Prof. Alexander DeConde。由於羅勃凱利教授的美國史課學生人數多，故此也需要許多位助教。我就被分派去幫忙，負責帶領四組同學，大概每組十多人，討論凱利教授在大班演講時的課題，有時也會旁及一些別的題目，例如中美關係等等。凱利教授那時十分忙碌，主要是兩件事情。一是準備為美國歷史學會主講美國兩百周年慶典，他是三位主講人之一，另外兩位是耶魯大學的 C. Van Woodword 教授和哈佛大學的 Arthur Schlesinger Jr. 教授，皆是美國史的名家。另一方面，凱利教授忙於推動「公眾史學」。在這方面，凱利教授是非常積極的，每週都會和研究生開會討論，同時在不同的場合向人介紹。他認為「公眾史學」是美國史學發展的一條必然之路。他每週都把美國史的助教召集一敍，先討論每週的課程和學生的功課等等，然後話題總會轉到「公眾史學」這方面，也引起許多研究生的興趣。自此，「公眾史學」就逐漸成為聖巴巴拉加州大學歷史研究的一個重點。

老實說，我在當時只注意準備每週的美國史導修課，無暇旁騖，對凱利教授的興趣也只能敷衍了事，沒有深究，但耳濡目染，總會對「公眾史學」有點印象。所以，到了上世紀九十年代

回到香港中文大學，適逢歷史系課程重組之時，突然想起二十年前在聖巴巴拉求學時的舊事，就把羅勃凱利教授所推動的「公眾史學」提出來供大家參考，獲得大多數同事的認同，於是就在香港推出了第一個以「公眾史學」為主題的碩士課程。在社會上得到正面的迴響，逐漸成為正規歷史課程的一個部分。

當我們在香港中文大學推出比較及公眾史學文學碩士課程時，系主任蘇基朗教授強調「入世的歷史」，亦即是歷史的應用性。這當然是公眾史學的一個重點，但也包括一些其他的考慮和特色。以我看來，在香港中文大學歷史系推出比較史及公眾史時，當時對公眾史學有三種不同的理解：

一、公眾史學是應用的歷史，是為社會提供資源和解決問題的史學。

根據凱利的意見，公眾史學是一門應用史學（applied history），它淵源於文書學和檔案學，但範圍更廣，包括的主要領域如下：

‧歷史文物及古跡保護

‧檔案整理、保存和管理

‧旅遊文化及名勝宣傳

‧地方史、社團史、家族史及公司史：身份建立和認同

‧法律史、商業史、醫療史：專業之後援

這是凱利教授推動公眾史學的一個重要目的，為了使受過專業訓練及獲得高等學歷的歷史系畢業生，離開大學及研究院之後仍然學有其用，有其一展所長的職業或職場。當時凱利教授想發展的方向是地方政府的檔案部門，法律訴訟時需要的歷史專才，

以及博物館及歷史學會的需求。沒想到後來連各種社團、公司，以及學校團體和地方機構都對此學科及其訓練的人才發生很大的興趣。

二、公眾史學是注目民眾，是為大眾而寫的歷史，也可以説是人民的歷史（People's history）。

這個傳統在中國內地並不陌生，因為馬克思史學一直都強調人民或群眾在歷史中的角色，尤其是歷史上的群眾運動和農民起義，被視為推動歷史前進的主要動力。在文革初期，有強調村史、社史等民間組織的歷史。故此，對人民的歷史這個概念，不會覺得過於新穎或激進。但在現在的公眾史學範疇內，民眾史更多注目於生活史，例如日常的衣、食、住、行的歷史，愛情和婚姻的歷史，以及社區內的儀節和人際關係、教育與醫療，娛樂和消閒等，都是公眾歷史的一部分。

三、公眾史學是鼓勵史家對公眾事務和集體利益的關注，同時以歷史眼光探討時局世情，發揮公眾史家對社會的影響力。

這個目標是培養歷史學者對公眾事務，包括社區歷史的興趣，並且鼓勵他們發揮作為歷史學者的長處和特性，用歷史眼光（長距離和長時段）去觀察當代社會發生的一些問題，使大眾明瞭事情的淵源和背景，對「從哪裏來，往何處去」有着較為充足的認識。一般來説，許多學者都可以充當為社會建言，為公眾事務發聲的「公共知識份子」的角色，但歷史學家可以從歷史的發展，帶出另一個角度和眼界。

在過去的三十多年中，歐美史學界對公眾史學的重視，顯然跟上世紀七八十年代，有了相當大的變化。但公眾史學的發展，

最令人矚目的地方是在亞洲，尤其是在大中華地區。以公眾史的理念而設計的課程，正在逐漸改變以斷代史和政治史為主流的傳統史學，成為研究機構及大學歷史系的模式。在香港、台灣及內地，未來的史學發展，公眾史學應該還有續領風騷的時代。

　　香港中文大學的比較史學及公眾史學碩士課程，開辦至今已達二十年，廣受大眾歡迎，成績顯著，現在更在研究和出版方面進一步發展和推廣，把「公眾史學」帶上另一台階，發展令人鼓舞。在此我謹祝願公眾史學在香港中文大學歷史系諸教授帶領之下，能夠在香港以及亞洲各個地區開繁花、結碩果。

梁元生

2024 年 2 月 2 日

導言

　　這本書着眼於九龍中部的故事。九龍中部涵蓋了今天的九龍城至牛池灣之間的地區，座落在獅子山下，面朝古老的九龍灣。這片地區是九龍山脈以南最廣闊的沖積平原，水源充足，同時也與大海相連，具備發展龐大農業村落的潛力。考古研究也確認九龍中部曾經存在許多村落和水田。然而，在日治時期和城市化的雙重影響下，這些村落大多已被拆除，即使是它們的一些歷史痕跡，也幾乎消失殆盡。

　　歷史學者對於九龍中部的田野訪問大致經歷了三個階段。第一次田野訪問發生在和平後的 1950 年代和 1960 年代。當時，香港大學的羅香林教授對宋帝昺的故事深感興趣，他親自前往九龍中部與村民進行了交流，可惜未能留下太多的記錄。後來，許舒博士的鄉村組織和節日研究稍稍填補了這部分的歷史空白。第二次田野訪問發生在 1980 年初，由香港中文大學的科大衛教授帶領着他任教的學生進行。他們有系統地訪問了衙前圍的許多老村民，並留下了寶貴的文字記錄。到了 2000 年前後，筆者應黃大仙區議會的邀請，與游子安兄和卜永堅兄合作編寫了《黃大仙風物

志》。在編寫過程中，我負責調查鄉村，這標誌着我在該區進行調查的開始。

2013 年，筆者出版了《拆村：消逝的九龍村落》，至今已經過去了十年。這本書與十年前的著作相似，仍然以口述歷史作為主要材料。筆者對於被訪者所講述的故事持謹慎的態度。在缺乏文字記錄的鄉村地區，口述歷史是非常寶貴的資料。然而，需要注意的是，在進行訪問時，訪問者固然有他們想知道的事情，但被訪者也會有自己的想法和目的。他們有自己想要告訴別人的事情，有時甚至可能修改自己的記憶以達到這個目的。在本書中，這種懷疑精神貫穿始終，並對所使用的資料進行反思和批判，以確保故事的真實性和可靠性。

全書貫穿着許多小題目，旨在全面呈現和平後九龍中部的變化。與《拆村》相比，本書更加重視傳統村民如何掌控土地業權，以及這種業權如何在市區重建的過程中逐漸轉變和消亡。為了處理這個議題，本書不僅敍述了古老村落的前世今生，還更進一步探討了祖堂和祖墳的現實功能。這種嶄新的探索嘗試具有難度，但筆者認為只有透過這種角度，才能更立體地呈現九龍中部的傳統鄉村生活。書名《活着的祖宗》是來自黃仁宇的《萬曆十五年》中的一章標題。筆者認為，這個標題作為整本書的主題非常貼切。

在研究的過程中，筆者要感謝中國香港特別行政區大學教育資助委員會優配研究金（CUHK 14600921）以及香港中文大學歷史系的資助。此外，筆者特別感謝梁元生教授的總序，他的文字讓本書生色不少。

目 錄

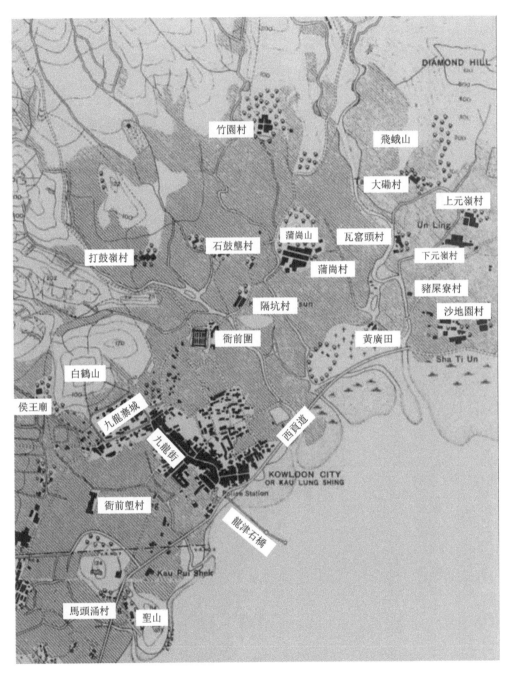

租借新界時候的九龍中部村落。底圖來自 Hal Empson, *Mapping Hongkong: A Historical Atlas*, Hong Kong: Government Printer, 1992, p. 180. 該圖繪於 1902－1903 年間。至於中文地名和村名，則參考朱石年：〈香港舊事隨筆：從港九的古老村落說起〉,《春秋雜誌》, 第 873 期（1998 年）, 第 46 頁（九龍城附近詳圖）。

第 一 章

九龍版本的宋帝昺

　　古老的九龍，一直流傳着宋帝昺駐蹕九龍的傳說。這個傳說
要由宋帝昺的哥哥趙昰說起。趙昰，南宋宗室，1269 年出生，七
歲（1276 年）時元兵攻陷了首都杭州，由此開始了他的流亡生涯。
他由杭州輾轉南下，同年在福州即皇帝位，是為端宗，但兩年後
病死。端宗死後，他年僅六歲的隨逃弟弟被擁立為帝，他就是趙
昺，亦即宋帝昺。可惜一年之後，亦即 1279 年，丞相陸秀夫見大
勢已去，便背着宋帝昺在新會崖山跳海自盡，一起殉國。

　　雖然宋帝昺當天子的歲月不足一年（1278 年 5 月至 1279 年 3
月），而且大部分時間都在海上度過，古老的九龍，卻一直流傳着
這位少年皇帝登陸當地，並且與九龍中部一帶的村民建立很好關
係的傳說。

　　宋帝昺駕臨九龍的傳說有許多耐人尋味的地方，例如身在

亂世的宋帝，為什麼還可以高調地與素未謀面的九龍土人交往？他不擔心被出賣嗎？那些九龍土人也奇怪，見了宋帝船隊將近停靠，沒有擔心過會被強行徵調作士兵或者奴隸？招呼宋帝，他們不怕元兵來襲嗎？

宋帝昺故事的背景是在宋末，但故事「發酵」的時間則在數百年後。現時能夠找到這故事的最早文獻記載，應是清康熙二十七年（1688）編成的《新安縣志》。該縣志引用了明朝中葉《宋行朝錄》的記述，該書說宋端宗趙昰在其顛沛流離的逃亡生涯中，曾在官富鹽場作短暫逗留，並建立了皇宮。不過，這故事並未提及趙昺，而且宋代官富鹽場的範圍很大，九龍只是其中一個小灣頭而已。

宋帝昺在九龍這個舞台登場的時間大概是嘉慶年間。嘉慶二十四年（1819）編輯的《新安縣志》，除了重複《宋行朝錄》那段資料外，還提到當時的土人已經將皇宮改建成北帝廟。另外，縣志開始提到宋帝昺曾在官富場東面作停留，而停留的地方有刻有「宋王臺」三字的巨石。新增的這兩個事實，毫不含糊地表達了宋帝昺來過九龍。首先，今天九龍城區仍存一所叫做「上帝古廟」的石製門框殘蹟。所謂「上帝」，即北方真武玄天上帝，又稱「北帝」，應就是《新安縣志》中所記述的「北帝廟」了。其次，也是最為鐵證的，是那「宋王臺」巨石，至今仍然是九龍城的著名古蹟。不過，我們也很容易發現，「宋王臺」石刻的落款時間為嘉慶丁卯（1807）年（見圖 1.1）。即是說，刻寫「宋王臺」三字的年份，只是較嘉慶《新安縣志》的出版略早十二年而已。

雖然宋帝昺的故事豐富了，疑團仍然不少。有嚴謹的歷史學

圖 1.1 「宋王臺」三字的寫上時間是清嘉慶丁卯年（1807），
亦即是宋帝昺死後的 500 多年後。2001 年攝。

者指出，有關宋帝昺的事蹟，隨着年月變得愈來愈清晰和具體，但其實它一直只停留在宋王臺的傳說上面。[1]

　　除了文字記載，還有村民的記憶。即使到了 1950 年代，九龍中部的村民仍然充滿自豪地代代相傳他們版本的宋帝昺故事。歷史學者羅香林曾在戰後考察九龍一帶的鄉村，記錄了一段宋帝昺駕臨土瓜灣的故事，大概如下：土瓜灣一帶的鄉村古老相傳，說當趙昺抵達其村的時候，村民們聯群結隊，乘舟出迎，並且向小皇帝獻上糧食。皇帝以村民護駕有功，遂御賜黃緞巨傘一把。不久，元兵迫近，村民以船把宋帝昺送到荃灣、秀山一帶躲避。土瓜灣村民還告訴羅香林，南宋滅亡之後，每年端午，在龍舟競渡之前，村民會先將一艘大船靠到岸邊，船上撐起當年的御賜巨傘，鄉中耆老則在岸上率領一眾村民向船叩拜，重現當年的盛況。這個傳統一直繼續至清末，即使巨傘破爛之後，村民仍以仿製代替。被訪村民還說，凡七八十歲的老人家，多曾親眼見過這個儀式。[2] 這真是難得的訪談記錄，可惜那些七八十歲的老人家沒有現身接受羅香林的訪談。

　　或者這樣說，從來傳說故事的重點都不是真或假的問題，而是說故事的人究竟希望傳達一個怎樣的訊息？從這段訪談記錄可以見到，他們想告知歷史學者，他們的祖先曾與南宋朝廷結上非

1　鍾寶賢：〈緒論：宋末帝王如何走進九龍近代史〉，收入趙雨樂、鍾寶賢主編：《九龍城》，香港：三聯書店，2001 年，第 1–29 頁。

2　羅香林：〈宋王臺與宋季之海上行朝〉，收入羅香林編，《一八四二年以前之香港及其對外交通》，香港：中國學社，1959 年，第 78 頁（註九）。

常密切的關係，來歷非同小可。宋帝昰的傳說便是在這個目的下展開，下一步便是依靠歷史學家代為廣傳。

沿海行舟，若果宋帝昰駕臨過土瓜灣和九龍城，那麼也有可能稍稍東走到今日的新蒲崗一帶。當地的衙前圍是一個大村，由吳、陳、李三姓人所建立，圍內供奉天后娘娘。1948 年，村民重修天后宮時，刻碑紀念，碑文的開首便指出吳、陳、李三姓祖先，就是當年護送宋帝昰南下的三名大將。宋朝雖亡，三姓子孫卻一直在那裏繁衍（見圖 1.2）。歷史學者許舒（James Hayes）和夏思義（Patrick Hase）分別在 1960 年代和 1990 年代去到衙前圍進行田野調查。問到該村歷史的時候，村民重複了碑文的説話。[3]

筆者是在 2000 開始在衙前圍進行田野考察，也得到類似的答案，唯一不同的是，故事進一步豐富了。此時香港政府和地產發展商正在競爭收購衙前圍土地，衙前圍歷史成為了香港的熱門話題。當時吳九鄉長（約 1932 年生）不止一次對筆者以及新聞記者講述吳、陳、李三姓人的祖先如何合力護送南宋小皇帝南下九龍，並在衙前圍定居下來的故事。例如在 2003 年，吳鄉長便向新聞媒體説：七百多年前，宋帝昰南逃，到達九龍，先在衙前圍居住，可是虎落平陽被犬欺，宋帝昰怕狗，當時村內的惡狗極多，皇帝不堪其擾，遂被迫改遷他處⋯⋯至今衙前圍村的犬隻仍稱「皇驚」。[4] 而在 2005 年的另一次傳媒訪問中，吳鄉長甚至指稱圍

3　Patrick Hase, "Beside the yamen: Nga Tsin Wai village," *Journal of the Hong Kong Branch of the Royal Asiatic Society*, vol. 39 (2002), p. 62n.

4　《新報》，2003 年 9 月 16 日。

圖 1.2　　1948 年衙前圍重修天后廟碑記，碑文有：「自宋帝蒙塵，追隨扈從，駐蹕茲土。」以此表示衙前圍的原居民祖先，就是當年護送宋帝昺南下的三名大將。2012 年黎燕芬攝。

門上的「慶有餘」牌匾，相傳就是宋帝昺親題。[5] 多了宋帝昺，衙前圍也變成很有來歷。

　　口述歷史是難得的歷史材料，但也是充滿了陷阱。村民接受訪問，我們將內容記錄下來，會出現兩個事實：第一是訪問的內容；第二，也是同樣重要的，就是為什麼被訪者說出這樣的內容。2000 年在衙前圍做田野考察，聽宋帝昺故事，筆者才開始明白1950 年代的土瓜灣村民何以對羅香林產生興趣。

　　傳說的作用，是表達來歷；既然如此，傳說便可以根據情況作出修改。2007 年，一位陳氏村民（1927 年生）告訴筆者，在童年的時候，他的父親（1940 年代去世）已經告訴他，衙前圍內陳、李、吳三姓祖先，都是跟隨宋帝昺來到九龍。只是在陳先生的版本中，陳氏祖先不是武將，而是小皇帝的太子太傅，他強調這就等於皇帝的老師了，也是準備拜相的官職。可惜在宋帝昺自盡後，拜相無望了。祖先於是改名陳宜牛，其父解釋說，皇帝都死了，陳氏只能過耕牛一般的生活了！

5　《星島日報》，2005 年 10 月 24 日。

第 二 章

九龍寨城的風水問題

1840 年 6 月，英軍進犯廣東海面，第一次鴉片戰爭爆發。1841 年 1 月 25 日，英軍登陸香港。1842 年 8 月 29 日，清朝承認戰敗，與英國簽訂屈辱的《南京條約》，其中一款，是將香港島永遠割讓予英國。英國人佔據香港島後，便將香港島北面的海命名為維多利亞港。

維多利亞港對岸的九龍中部便成為清朝的前哨重地。1843 年，清政府已經派遣文官（九龍司巡檢）武將（大鵬協副將）各一進駐九龍。如果沒有衙署，派遣便流於有名無實。所以在 1846 年 8 月 8 日，兩廣總督耆英便奏請在九龍修建一座邊城。道光帝對此

甚表欣賞，硃批：「酌量妥為之」。[1]

　　九龍寨城的選址，除了戰略，城內官兵的補給也是重要的考慮因素。九龍是新安縣的邊鄙地區，陸路交通頗不方便，尤其是它的稍北位置，被九龍山嚴重阻隔。幸好九龍中部的海路交通，卻是無比便利。它的海灣，雖是淺水泥灘，但由於是良好的避風港，吸引了許多漁船商艇聚集。所以九龍寨城的選址，必須靠近這個九龍灣，方便寨城官員與新安縣衙（位於今日深圳南頭）以至廣州省城保持溝通。

　　建城的經費是一個大問題，不過從一開始，廣東官府並沒有打算動用稅務收益去建城。他們是打士紳的主意，也很成功。首筆捐款是陽江知縣朱庭桂率同當地士紳譚鴻義籌募得來的。譚鴻義的背景不詳，《陽江志》以「邑紳」來稱呼他，並記載他曾於道光二十年（1840）捐資重修該縣的四座城樓。[2] 看來他是陽江縣極有影響力的士紳，因此到省高級官員進行募捐的時候，也通過陽江知縣求助於他。在道光二十六年（1846）五月十五日，廣東官員通過譚鴻義籌得的捐款已達 24,500 餘兩。[3] 而且這只是第一筆的捐款，來自廣東省其他州縣的捐款也陸續送達。

　　有了捐款，兩廣總督耆英便可以派出官員往九龍進行工程的

1　莫世祥：〈前言〉，收入陳鏸勳撰，莫世祥校注：《香港雜記（外二種）》，廣州：暨南大學出版社，1996，第 5－6 頁。

2　《陽江志》，民國十四年刊本，台北：成文出版社影印，1974 年，卷八，3上（頁 451）。

3　《勘建九龍城砲台全案文牘》，收入桑兵主編：《五編清代稿鈔本》，廣州：廣東人民出版社，2013 年，第 209 冊，第 5 頁。

實地勘估。當時負責處理興建九龍寨城的官員共有三位——試用通判顧炳章、署新寧縣知縣喬應庚、豐順縣湯坑鎮巡檢袁潤業。試用通判不是實職，看來顧炳章是耆英身邊具有辦事能力的「工程師」心腹。三位勘建委員應是存在分工的，根據檔案判斷，顧炳章是負責全盤規劃，喬應庚是負責財務往來，至於袁潤業，則有點不大清楚，但作為巡檢，地位雖低，卻具地方行政經驗，可能是工程現場的監督者。正因此故，五月二十五日，顧炳章便「隨帶」袁潤業前赴九龍，對建造城寨、砲台、衙署、兵房等各項工程逐一勘估。[4]

閏五月二十五日，經過勘估之後，顧炳章和喬應庚便向耆英提交了修城的建議書。他們首先描述九龍的形勢，大概內容是：九龍是一個背山靠海的半島，與香港島（沿海地帶稱「裙帶路」）隔海對峙。海有東西兩個出口，東口是鯉魚門，而西口則是尖沙嘴。背靠「白鶴山」。山海之間，古稱九龍寨，有店舖民房數百，是理想的建城地點。[5]

城池的大概位置已定，但具體的地點還需斟酌。九龍中部靠山面海，從北至南，地勢愈來愈低。顧炳章希望找一個地勢較高的地點，這大概是出於方便瞭望和避免水淹的考慮。另外，他也不想過於擾民，若因修城而遷拆大量民房，容易引起地方騷亂。於是他在勘察的過程中特別注意店舖和民房的位置，務求盡量避

4　《勘建九龍城砲台全案文牘》，第 7、192－193 頁。
5　《勘建九龍城砲台全案文牘》，第 8 頁。

開。最後他選的地方是九龍山稍南的白鶴山的南麓下，地方離海邊三里，屬官荒地（即非私人產業，也沒建有官府的建築物）。顧炳章特別強調那裏「地平土堅，風水亦利，既無墳田相礙，亦無潮水淹浸，就此建築城寨，與防海衛民，題義相洽」。[6]

於是，顧炳章便聯同了喬知縣，向總督大人呈上了建城建議。這可以分為三個部分，第一部分是興建寨城，包括：

1. 石城一座，坐北（山）向南（海），周圍 180 丈，高 1 丈 8 尺，厚 1 丈 4 尺，城門四個、敵樓四個。

2. 北面城牆依山而建，毋庸備砲，但仍建腰牆一道，圈圍山頂，周 170 丈，高 8 尺，厚 3 尺。酌開長形槍眼，旁設耳門，中建望樓，以杜抄襲。

3. 東南西三面，配砲 32 位。

4. 供水方面，城內開池，廣深一丈，另水井二口。

5. 城內通衢街道，俱鋪石板。

6. 城內正北建武帝廟一所。

7. 東北角建副將巡檢衙署各一所。

8. 城內西北角建演武亭大校場、火藥局，並兵房 14 間。

9. 東南西南空地，作民居之用。

第二部分是寨城的周邊軍事配置，包括：

1. 重修城前的九龍砲台，與石城成掎角之勢。按此砲台原在

6　《勘建九龍城砲台全案文牘》，第 8－9 頁。

佛堂門，康熙年間建置，以禦海盜。到了嘉慶十五年[7]，新安知縣李維榆嫌砲台孤懸難守，遂移建於此。台周 31 丈，南面臨海，安砲 8 位，其餘三面均係馬牆。顧喬二人的建議是：(i) 將南面敵台加高培厚；(ii) 官廳兵房一律修葺；(iii) 添置 3,000 斤砲二位。

2. 城外東北角大竹園山及西南角尖沙嘴，各置兵房和煙墩，作烽火台之用。[8]

第三部分是建造兵船，好讓九龍副將和九龍協鎮在附近一帶海面巡查彈壓。可能是考慮到英國兵船也在洋面巡弋，所以顧喬二人說：「若坐三板腳艇，不足以壯觀瞻，擬造大快船一隻，長五丈二尺，寬一丈二尺。」[9] 這個建造兵船的建議，帶有討好上級的味道。

兩廣總督耆英的批示，卻有點出人意料。他在建議書呈上的一天之後（即閏五月二十六日）便急不及待地批評計劃書「稍事草率」，反而對於建快船這個體面工程，認為覺得可以「從緩」處理。耆英最大的批評是，委員們沒有認真查考白鶴山的「形勢來

7　一說是嘉慶十六年建造，見《勘建九龍城砲台全案文牘》，第 48 頁。

8　《勘建九龍城砲台全案文牘》，第 10、33 頁。道光二十年三月，地方官員曾在尖沙嘴建造砲台兩座，一名懲膺砲台，另一名臨衝砲台，共配砲 56 位，由大鵬左右兩營防守。但一年之後，即道光二十一年正月，地方官對這兩個砲台有意見，認為均不足以禦海，命將砲位和彈藥，運赴並裝備新安縣城。至於原處的兩個砲台舊址，則進行防堵工程，但不久也倒塌了。參考是書，第 36 頁。

9　《勘建九龍城砲台全案文牘》，第 10－11 頁。

龍」，沒有參考八卦和風水因素，因此導致了廟署、水池以及城門的座向全部出現錯誤！[10]

　　道光二十六年（1846）六月十五日，顧炳章向耆英呈上新修訂的建城建議書。在新建議書內，顧炳章首先是報告他督同巡檢袁潤業，「帶同堪輿畫士，及匠頭量丈人等」，再去九龍，會同當地文武各員悉心查勘，確切考核。經過認真的查勘，顧炳章得出了新建寨城的風水格局，並如何根據八卦方位來建築各個城門：

> 九龍寨山勢坐北向南，其來龍自東北之虎頭山，旋轉至西北乾方九龍澳，折入坎宮之白鶴山為主山……該山南面臨海，東南直對鯉魚門，水口歸於巽位，山水氣脈均佳。城寨建於白鶴山南麓之下，北門開於坎宮壬方，南門開於離宮丙方，東門開於巽宮巽方，西門開於乾宮乾方。[11]

　　為了順應風水，顧炳章建議城內的正中位置建武帝廟（即從原來建議中的正北改到正中位置），武帝廟的左首建演武亭、副將衙署、水池和火藥局；武帝廟的右首則移建三聖廟（按：不知從何地移建過來）、巡檢司衙署。至於兵房，則分建在城內的東北角和西北角。最後，還要在城北白鶴山高坡處，添建鎮海樓一座，

10　《勘建九龍城砲台全案文牘》，第 25 頁。
11　《勘建九龍城砲台全案文牘》，第 26 頁。

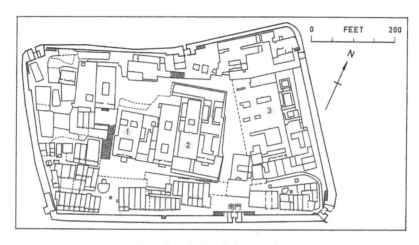

圖 2.1　這是 1902 年香港政府繪畫的九龍寨城平面圖。圖中 1 是龍津義
　　　　學；2 是九龍司巡檢衙署；3 是大鵬副水師副將府。同時值得注意，
　　　　南門不是開在圍牆的正中間。（參考 Peter Wesley-Smith, *Unequal
　　　　Treaty, 1898-1997*, Hong Kong: Oxford University Press, 1997, p. 125.）

圖 2.2　九龍寨城公園，根據圖 2.1 而作成的展覽模型。

供奉北帝神像，「酌安砲位，以鎮風水」等等，連城門都是按照八卦方位作出規劃的。最有趣的是，顧炳章還根據兩廣總督、廣東巡撫、廣東提督以及九龍協副將的出生時辰八字，卜擇於該年的十月七日巳時作為興工吉期，確保萬事大吉。[12]

顧炳章這份新建議書以風水作為出發點，重新規劃了九龍寨城的城門和廟宇位置，終於滿足了耆英這個滿洲總督的要求。道光二十六年（1846）九月二十六日，耆英發給了顧炳章印章一顆，批准十月初七興工。[13] 於此，九龍寨城工程正式動工，並且在一年後建成。

由於城寨是根據風水龍脈而興建，南門這個主要的出入口不是在城牆正中的「離宮」，而是接近右邊角落的「巽宮」。這在 1902 年英國測量師繪畫的九龍寨城平面圖中也能清楚顯示（見圖 2.1 和 2.2）。

可惜的是，當港府在 1995 年重建九龍寨城公園時，大概為了遷就園內小徑和景觀，好讓遊客可以一進南門便看到九龍司巡檢衙署，竟又把南門由「巽宮」遷回至耆英反對的「離宮」（見圖 2.3）。

12　《勘建九龍城砲台全案文牘》，第 27、38 頁。

13　《勘建九龍城砲台全案文牘》，第 53 頁。

圖 2.3　今日的九龍城寨公園，朝着南門的，便是以前的九龍司巡檢衙
　　　　署。雖然方便了遊客，卻不是當年兩廣總督耆英要求的風水格
　　　　局。2013 年攝。

第 三 章

清朝官員的收地拆屋賠償

中國古語有云「普天之下，莫非王土」，意思是天下的土地都是屬於統治者的，是「王土」。這句話很重要，但並非土地法律，否則中國便不可能發展出私人土地的制度了。「普天之下，莫非王土」的重要性，在於它是中國統治者能向佔據土地的人徵收賦和役的法律基礎，正如英國法律中的 Crown Land（皇室土地），君主之所以是君主，是因為國家內的土地都是皇室土地；既然是皇室土地，君主便有理由向佔據土地者開徵賦役。

中國在清朝之前，早已發展出私人土地的制度。有私人土地，自然也有官府的用地，亦即「官地」。清代的土地，大概可以分為「民地」、「官地」和「荒地」三類。所謂「荒地」，也稱「官荒地」，就是還未正式在縣衙門登記的土地。若民人登記這些荒地後，荒地便成為「民地」。在土地契約上，民地的稱呼，會根

據用途而有所不同，例如「山地」多是指墳墓、「民米」是已經開墾種糧的田地、「民荒」則是還未開墾的民地。無論民地的用途是什麼，官府會根據它們土壤肥沃的程度，分為上、中、下三個等則，計算稅率。除了民地之外，還有官地，即政府用地，多用作為政府的建築物，例如衙門、校場、糧倉等等。

究竟清朝官員是如何收回民間土地的？《大清律例》記載的是刑事法，但不代表清朝官員沒有一套正式或非正式的習慣去處理土地問題。在這一章，筆者通過 1846 年至 1847 年間九龍寨城的興建去解答這個問題。

興建九龍寨城，首要解決的是土地供應。當時，督辦委員顧炳章選擇了白鶴山南麓離海邊三里的土地。據他上呈給兩廣總督耆英的報告，主要的理由是這個地方大部分是「官荒」地。[1] 如前所述，所謂「官荒」地，就是未被民間登記的荒地。

雖然大部分土地是官荒地，仍有小範圍（九龍寨城西面部分地基）被當地陳氏族人聲稱擁有。陳氏為了證明他們就是這幅土地的擁有人，向顧炳章呈上了該地的上手紅契，亦即他們持有並經官方蓋紅印核准的土地轉讓契約。這份上手契立於道光十四年（1834），所牽涉的田地共有兩幅，共 9.5 畝，均在新安縣五都二圖七甲，分別是九龍洞硤石高莆下（4 畝）和九龍寨西社（5.5 畝）。賣者一方是陳觀英、陳悅榮、陳朝用、陳安一等；而買方是陳泰賢、陳楊祐、陳醮福、陳勳葉等。契約根據了清朝的規定，

1　《勘建九龍城砲台全案文牘》，第 9 頁。

找來一名「中人」（李殿喬）作見證，並且列明買賣金額是白銀 14 兩（見圖 3.1）。

　　簡單來說，這張上手紅契，牽涉的雙方均是陳氏。筆者後來在陳氏族譜發現，賣家之一的陳悅榮和買家之一的陳泰賢是父子關係，而且都是衙前圍村民。[2] 看來那是陳氏宗族內不同世系族人的財產轉讓，至於為什麼父輩和兒輩轉讓土地要立契約，卻又沒有在契約中聲明關係，那就不可而知了。

　　顧炳章決定徵用陳氏 9.5 畝其中的 4.5 畝土地，並在這問題上，他採取了兩項措施：一是按照市值做出現金賠償，共 3 兩白銀；二是勾銷相關田土的稅務。[3] 對於陳氏來說，雖然 3 兩未必是一個合理的價錢，若我們以道光十四年的上手契作為參考，每畝土地的平均值約是 1.5 兩，因此 4.5 畝土地的價錢應該是 6.6 兩左右。但起碼官員是願意賠償的，況且，寨城建在旁邊，陳氏餘下土地應具有很好的升值潛力。

　　委員除了賠償民地，對於須要拆卸的民房（即使是建立在官地上），也同意對其擁有者做出了現金賠償。委員指出，這不是應得，而是出於體恤。據報告，相關的房屋分佈在城基的東南角和西南角一帶，約有數十間。可分為兩批，約各佔一半房屋。第一

2　1999 年，衙前圍拆卸在即，為了爭取收地賠償，由衙前圍村分支到新界南約坑口區將軍澳村的陳氏，把族譜的簡略本（封面題《新界南約坑口區將軍澳村陳泰勝學族譜移來》）送到衙前圍村公所，其中一頁世系圖，清楚表明了十八世祖陳悅榮有三國兒子，分別是陳泰賢、陳勝賢和陳學賢。

3　《勘建九龍城砲台全案文牘》，第 171 頁。

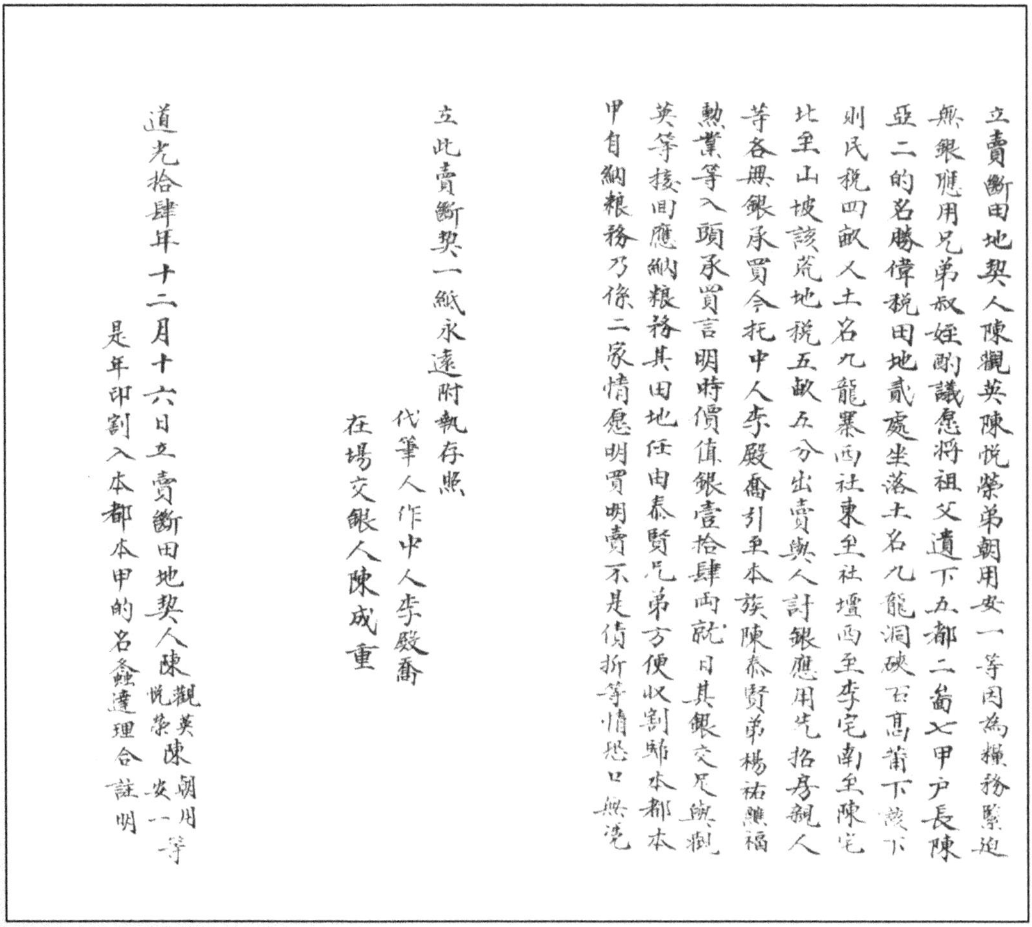

立賣斷田地契人陳觀英陳悅紫弟朝用女一等因為擺撥緊迫
無銀應用兄弟叔姪酌議愿將祖父遺下五都二圖七甲乙長陳
亞二的名勝僑稅田地貳處坐落土名九龍洞硤石高莆下蔭下
圳民稅四畝人土名九龍寨西社東至李宅南至陳宅
北至山坡該地稅五畝五分出賣與人討銀應用先招房親人
等各無銀承買今托中人李殿喬引卓本族陳泰賢弟楊祐雖福
勳業等入頭承買言明時價值銀壹拾肆兩就日其銀交足與刱
英等接回應納粮務其田地任由泰賢兄弟方便收割歸本都本
甲自納粮務乃係二家情愿明買明賣不是債折等情恐口無憑

立此賣斷契一紙永遠附執存照、
　　　代筆人作中人李殿喬
　　　在場交銀人陳成重

道光拾肆年十二月十六日立賣斷田地契人陳觀英
　　　悅紫陳朝用等
是年印割入本都本甲的名繳遵理合註明

圖 3.1　道光十四年斷賣田地契。資料來源:《勘建九龍城砲台全案文牘》,第 186－187 頁。

批將被圈入城內，可以不必拆除；至於第二批，共有 16 間房屋，剛好在施工地基上，不得不拆。[4]

　　拆卸民房的賠償金額，按照清例（按：這是根據顧炳章報告所說的，筆者還未找到原例），每間應給銀二兩八錢至五兩不等。不過在執行上，官員可以自由酌量增添補償。在九龍寨城這個案例中，顧炳章考慮到居民均屬貧窮，於是在這方面的補償事宜上「酌量從寬」，決定舊屋每 10 尺給銀 5 兩，新屋則每 10 尺給銀 7.5 兩，而且業戶還可以領回拆卸下來的建築材料，覓地重建，限期一個月遷走。[5] 不久，顧炳章發現城內東南角和西南角還有四間房屋，雖不在地基，但妨礙道路，決定拆卸。勘察後算得那四間房屋共有面積 78 尺，他以新屋計算（每 10 尺 7.5 兩），賠償了銀 58.5 兩。[6]

　　官員對以下幾項是不做賠償的。第一類是租住房屋者，清朝官員的理由是，房子擁有者投入了建築費用，因此官員拆卸了他們的房子便應該賠償，好讓他們可以不受損失地覓地重建房屋；但對於租客，便沒有這個需要了。第二類不做賠償的是農作物，第三類是搬遷費用。[7]

　　在這次清拆民房的過程中，最值得讚揚的是清朝官員照顧了當時的「弱勢社群」。原要拆卸的民房之中，有一所是「瞽目乞

4　《勘建九龍城砲台全案文牘》，第 18－19 頁。

5　《勘建九龍城砲台全案文牘》，第 81 頁。

6　《勘建九龍城砲台全案文牘》，頁 81。

7　《勘建九龍城砲台全案文牘》，第 71 頁。

食之人」的居所。當時已經出了遷拆賠償的細目，是 11.2 兩。後來大概是考慮到這群失明乞丐的處境，另加「賞銀」15 兩，一共是 26.2 兩，不可謂不體恤。但顧炳章還是認為，若將房子拆掉，那些瞎子拿了賠償金，也是無家可歸，於是他決定直接賠償一個房子，命將原有的賠償金，僱請工匠，在南門外的左面空地上，興建一列三間泥牆屋，每間寬十五桁，深一丈七尺，檐高六尺三寸，送給這些乞丐居住。[8]

　　總的來說，清朝的確是沒有一個民典去處理民政事情，不過從這個興建九龍寨城的案例中，我們還是可以發現，清朝的地方官員是有一套方法去處理收地和拆屋問題的。若是民地，不管是如何進行使用，官府便直接根據時價做出賠償，但農作物不做賠償；若是坐落在官地上的房屋，則按照既定的案例每間給銀 2.8 兩至 5 兩不等，再考慮不同情況，如貧窮和傷殘等等，增加賠償金額。不過，對於租客，則不做賠償。

8　《勘建九龍城砲台全案文牘》，第 73 頁。

第 四 章

蠻煙蛋雨下的九龍大街

遊九龍寨城公園，會見到刻在兩條巨大麻石上的對聯，上聯是：「其猶龍乎卜他年鯉化蛟騰盡洗蠻煙蛋雨」；下聯則是：「是之津也願從此源尋流溯平分蘇海韓潮」（見圖 4.1）。沒有作者和年份，但將兩句的第三個字接連起來，就是「龍津」，所以這兩片對聯，可能是當年掛在「龍津義學」的大門外。龍津義學是駐紮在城寨內的九龍司巡檢興建，建立龍津義學的目的，是教化土人，正如對聯所言，要「盡洗」九龍這個充滿「蠻煙蛋雨」的化外之地。

九龍巡檢司未必想到，他心中的「蠻煙蛋雨」之地，其實已經具有相當發展。九龍寨城選址在虎頭山和九龍灣之間的土地上，這裏除了農村，也有地方市場，亦即當時人稱為「街市」的市集。市集並不是新鮮的事物，但在南中國，大部分只是「墟市」，亦即所謂每月只開九天的定期市集。「街市」則不同，店舖

圖 4.1　九龍寨城公園內的「盡洗蠻煙蛋雨」對聯，估計是被當年九龍司
　　　　巡檢掛在龍津義學門前的。拍攝當日，適逢陣陣「蛋雨」，遊人
　　　　趕緊躲進建築物避雨。2012 年攝。

提供的商品極為繁多，最重要的是它們每天都開門營業。

　　侯王廟是九龍街市店舖商人的社交中心。侯王是華南沿海地區廣受祀奉的神祇，但侯王是誰？他也有可能是水上人的神，但在九龍中部，村民多認為侯王名楊亮節，曾護送宋帝昺來到此地，以逃避元兵的追殺。無論如何，到了道光初年，這所侯王廟已經擺脫了「蛋民」的味道，成為地方精英聚集的地方。

　　商人通過捐獻侯王，表達忠義之情。1822 年（道光二年），商民決定籌措金錢，重修侯王廟。他們本來沒有打算作什麼記錄，認為「捐資建廟，在在皆有，無足多也，又何紀為？」但流寓九龍已經五年的南海文人羅世常，則以儒家的忠君思想力排眾議，作了《重修楊侯王宮碑記》，指出「侯王助法護宋」，「本此敬心，以敬君父，而能起後人誠敬之心若此乎？」碑文中值得注意的是，題助名單便有 400 個名字之多。這些名字，除了人名外，也有許多是帶有「拖」字的名稱，相信是與漁業或海上運輸有關；另外還有一些「塘」，大概是經營打石的石塘名稱；不過最多的還是店號。這些店號也不僅僅是當地的，也有來自其他地方，如赤柱、大埔等地。無論人物還是店號，主要是捐助金錢，但石灣巨豐店則敬奉了兩對瓦獅。

　　從這次侯王廟重修，也可以看到九龍商人的組織。重修前，人們先是在侯王座前「問杯」，決定八名「首事」，統籌事情。從碑文可見，這八名首事分別是泰來店、永合店、冠合店、萬益店、聯茂店、怡合店、成合店和廣利店，應就是當地的八間店

舖。[1]

可以想像，在九龍寨城還未興建的十九世紀初，九龍中部已經是商店林立，而且與其他地區結成商業網絡，而商人則透過侯王廟的管理，成為地方精英。1847 年九龍寨城建成，新任九龍司巡檢許文深深明與地方精英打交道的重要性，到任後立即向侯王廟捐獻紅香爐一個（見圖 4.2）。

九龍寨城建成後，清朝文武官兵的駐守，進一步刺激了商業的發展。商人覺得要改善交通，以提升九龍城的競爭力。衙門對出的海灣是一個泥灘，只能容納小艇出入，但也有潮退水淺的問題。於是九龍城的商人們在 1873 年一起捐資，在九龍寨城對出的海面，鋪設長達 60 丈的石製碼頭，以方便大船離岸停靠。該石製碼頭 1875 年完工，稱為龍津石橋。到了 1892 年（光緒十八年），商人又在石橋的前面續作木橋，延長 24 丈，橋的盡頭，作丁字型，寬 1 丈 2 尺。據說這是模仿當時中國首屈一指的航運公司輪船招商局的碼頭設計。另外木橋比石橋省費，船身停靠木製碼頭也比較安全。九龍寨城龍津石橋的擴建，顯示了該區商業的持續發展。

正在這個繁盛的時期，英國政府突然向清朝租借了新界，而當時的新界，就是界限街以北土地，即包括了九龍中部和東部地方。1900 年，英軍進駐九龍寨城，同時接管九龍海灣一帶的管治權。衙前塱村村民陳先生（1927 年生），2007 年受訪，說祖父是

1　科大衛、陸鴻基、吳倫霓霞合編：《香港碑銘彙編》，香港：香港市政局，1986 年，第 1 冊，第 75－78 頁。

圖 4.2 　1847 年九龍寨城建成，新任九龍司巡檢是許文深。他深明與
　　　　地方精英打交道的重要性，到任後立即向侯王廟捐獻由佛山
　　　　鑄鐵工匠打造的紅香爐一個。2012 年攝。

九龍寨城最後一代的清兵。英國人佔據城寨，祖父便被調回清朝
水師的大本營大鵬城。

　　不過九龍城的商業發展，似乎並未因為政治的轉變受到打
擊，它仍然能夠吸引了許多人們到當地創業。2000 年筆者訪問
大磡村朱石年先生（1922 年生），2007 年筆者收到朱先生寄贈的
一份類似自傳的手寫記錄。據之，朱石年的父親叫朱錦安，1892
年（光緒十八年）在大磡村（已拆，今鑽石山荷里活廣場地）出
生，租借新界的時候，朱錦安仍只是六歲的兒童。1912 年，朱錦
安二十歲，考入了藍煙囱船公司作海員。1915 年回大磡村結婚，
婚後不再行船。當時九龍街 35 號是朱氏太公物業，建了兩層高石
屋，朱錦安便在地下開「華茂車衣店」，兼售洋雜貨，而將樓上作
為住家。

　　朱錦安開業的九龍街，時人稱九龍大街。朱石年在另一篇
文章指出，九龍大街位於龍津石橋通往侯王廟之間，兩旁都是店
舖，是九龍城最熱鬧的商業地帶。附近還有許多橫街窄巷，如九
龍橫街和通往舊時樂善堂的打鐵街等等。這些街巷都是鋪石板
的，當然不能行車，當時尚未有汽車通行。[2]

　　朱石年憑着兒時記憶，將九龍街的部分店舖臚列出來，描繪
了一幅繁華的商業景象：「我家（九龍街 35 號）隔鄰是華豐車衣
店，店主姓傅，沙魚涌人……再隔兩間是『同源典當』，店東黃
有倫是大埔鎖羅盆人，在巴拿馬營商致富，去世後兒子黃啟彬將

2　　朱石年：〈如煙往事話龍城〉，《旅行家》，第 13 冊（2003），第 11 頁。

當舖結束，優悠度日⋯⋯我舖對面係廣生昌雜貨店，東主姓黃，也是美國歸僑⋯⋯廣生昌隔鄰是華珍齋餅家，做雞仔餅、鹹切酥等潮州食品。一個老婦人帶兩個女兒從潮州來做生意⋯⋯再隔鄰係潮合米舖，店東的兒子倪木林⋯⋯前西南酒家店東張豐，十六歲就在潮合傭工，替人送米，記得當時一元可買三十斤米，五毫子可買十碼花布⋯⋯潮合隔離係東昌，店東姓黃，橫崗人。再隔離係方貴記魚檔，是淡水西湖人。」

衙前圍村吳先生（1915 年生）是朱石年同時代人，他在 1982 年接受了訪問，籠統地概括了九龍街的商業和族群關係：「賣魚的多屬南頭人士，多姓施及方；雜貨由順德人佔多，而染布則屬鶴佬和潮州人。」

九龍街成為了九龍中部鄉村的商業中心。當時由衙前圍步行到九龍城，只需半小時。衙前圍吳楊氏（1902 年生）說自己年輕時常去九龍城買東西，所有東西都能在九龍街買到，甚至可以在那裏租用結婚的花轎。在訪問中，超過一位村民提及在九龍城買「餿水」。這些「餿水」，相信是來自九龍街的酒家的廚餘，售價很低，村民買後便運回鄉村餵豬。

幾個訪問都顯示，九龍城從四鄉收購大量的柴薪。上述的吳先生在 1982 年受訪的時候仍記得，「其時九龍城有一個街口專門收購柴薪，並備有賣柴秤，每天營業至（上午）9 時。因此以前西貢的白沙灣，大埔仔，沙角尾等地之人，每日清晨都會擔柴到九龍城賣。除了賣柴外，亦有賣番薯，但禾則較少。」在同年另一個訪問中，居住在衙前圍的李先生（1929 年生）也說：「九龍城近長安街路口礦場，每朝早都像墟期，新界人擔草、松柴出來賣。

草價 3 個仙一擔（100 斤），而松柴則是 6 至 7 毫子一擔。」西貢井欄樹的村民亦説，雖然該村位於九龍城和西貢墟兩個市場之間，村民多選擇商店較多的九龍城。井欄樹村村民除了擔柴草到九龍城售賣外，還把花生交到九龍城的雜貨店，換取食油。

　　九龍城不單是經濟中心，還有義學，寨城內的龍津義學的成立，是有教化九龍土著的高尚目的，即使被港府接管，仍然對教育作出貢獻。上述的吳楊氏的兒子便在那裏讀書。衙前塱村陳先生（1927 年出生），2007 年受訪説，小時候也是在龍津義學讀書，説是免費的，可惜到了 1936 年（陳先生 9 歲）因為義學只得幾個學生而被逼停運，陳先生只好轉到附近的樂善堂讀書，學費 5 毫子（筆者估計是每月）。

第 五 章

落擔開基的祖先

　　家譜圖（family tree）一般呈三角形，頂部是單一祖先，每代繁衍，便稱家族。這個第一代祖先，在宗族社會中，稱做「開基祖」，意味宗族的開枝散葉由他開始。華南社會的開基祖，大多具有一個有趣的特點，就是都說是從外地遷徙過來，所以開基祖又稱「落擔祖」，意思是祖先挑着行李，翻山越嶺，終於找到一個值得定居下來的地方，於是便把挑擔放了下來。

一、衙前圍吳氏

　　據《吳氏族譜》（1918 年），衙前圍吳氏的始祖是周太王的長子泰伯，泰伯雖為長子，但寧願將天下三讓與三弟季歷，自己舉族南遷，由陝西岐山避居至當時仍屬於荊蠻之地的江南無錫。在

泰伯之後，到春秋時期，吳氏又再出現與泰伯具有同樣賢德和貴族身份的祖先延陵季子。吳氏將自己的遠祖上結至遠古的名門望族，無非是要説明自己的祖先是來自有高度文化的中原正統，而非被稱為「南蠻」的廣東土著可比。目前所見，衙前圍吳氏宗祠建於圍村的右側，門前對聯是「箕裘綿世澤；支派享延陵」，而祠內的「至德堂」壇上，所置放的木主也被書上「延陵堂上歷代祖先考妣之神位」。村民告知筆者，「延陵」是古代高尚的名銜，他們的祖先得到這個名銜，遂傳之後代云云。

　　衙前圍吳氏既將祖先的淵源定在中原，使到宗族的日後發展便必須有一段「南遷」粵東的插曲。據同一族譜記載，南來廣東的始祖為吳氏七十世祖吳居厚（1078－1158）。關於他的生平，按族譜記載，宋徽宗年間，吳居厚官至樞密院事，但因屢諫皇帝尊崇佛法被罷官。靖康元年，金兵南侵，徽宗被擄，天下大亂，吳居厚攜帶家眷至廣東南雄招兵救主，可惜天不從人，沒有成功。

　　族譜這部分的記載，存在一些難以理解的部分，例如當徽宗被擄，為什麼吳居厚千里迢迢來南下廣東招募義兵？不過，撇開這個疑問，族譜清楚地解釋了吳居厚南來廣東的作用——既然大事沒成，他的七個兒子，也就索性在廣東一帶置業開基了。

　　南遷廣東，下一步便是定居九龍。據族譜記載，吳居厚之後，五子吳最成為吳氏南來廣東的二世祖，他卜居東莞縣吳家涌；吳最生二子，長子念二亡失，次子念五，成為三世祖；念五生將士（四世祖），將士生七五（五世祖），七五生三樂（六世祖），三樂生六萬六（七世祖），六萬六生從德（八世祖），從德生成達（九世祖）。這位九世祖吳成達，就是衙前圍吳氏的開基祖。

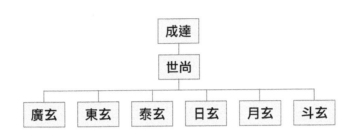

表 5.1 衙前圍吳氏六大房

上表顯示，作為開基祖的吳成達生吳世尚，吳世尚生六個兒子（吳廣玄、吳東玄、吳泰玄、吳日玄、吳月玄和吳斗玄），稱六大房。

雖然吳成達是衙前圍的開基祖，地位非同小可，但族譜有關他的記錄卻不多，只説吳氏本居於東莞，到吳成達這一代，他攜帶着父親吳從德和「先公骸骨」，「過江」遷居至新安縣的官富司及衙前圍等處，但族譜中連吳成達的生卒年份也欠奉。在 1982 年的田野訪談中，有吳氏村民認為，吳成達本在大陸捕魚，見到九龍，覺得環境很好，便留下來建屋居住，種田為生。

也許可以這樣説，開基祖的重點是他的南來事實，而不是南來原因；而追憶開基祖的重點是衙前圍吳氏在某個年代出現了六股勢力，需要一個共同祖先，好讓他們結成六大房的血緣關係（見圖 5.1 吳氏宗祠的六大房木主）。

二、竹園蒲崗林氏

清朝時期九龍中部的林氏，主要定居在竹園和蒲崗兩村。據

圖 5.1　衙前圍吳氏宗祠內的神主牌排列，首先最高一行代表遠祖的延陵
　　　　堂上歷代祖先神位；然後便是九世成達祖（第二行右），旁邊的
　　　　十世世尚祖是他的兒子；最低一行便是成達祖的六個孫，排列的
　　　　方法是根據長幼，從中心開始，右左右左排列：十一世廣玄祖、
　　　　十一世東玄祖、十一世泰玄祖、十一世日玄祖、十一世月玄祖、
　　　　十一世斗玄祖。由此代表了吳氏的六大房族人。2012 年攝。

大磡村村民朱石年（1922 年生），竹園村原有林、李、古等姓聚居，以林族人數眾多。[1] 據一位同是 1922 年出生的蒲崗林姓村民（2011 年接受訪問），蒲崗跟竹園一樣是雜姓村。蒲崗村分西便村和東便村，西便村則是林氏比較多，而東便村的姓氏比較多的有陳氏和李氏，另外還有何氏、彭氏、黃氏、白氏等等。蒲崗村有墟，位於蒲崗山的山腳位置。墟的附近有天后廟，由東便村和西便村的所有姓氏一同打理。天后廟的營運資金來自兩方面，一是將村內的豬糞外判出去；二是租出在墟市買賣中的公秤。無論是村內人買豬、或沙田的人擔柴草來賣，都要租用這把公秤。林先生說豬糞和公秤的收入都不錯，足夠支付天后廟一年的營運費用。每逢做誕，村內有名望的人會沿村收集捐獻，林氏宗族成員也做過。除了蒲崗外，竹園也有自己的天后廟，但 1957 年被拆。據一位曾經在竹園居住的林氏村民（1935 年生，2011 年接受訪問），這天后廟由該村的林氏擁有，但住了一個尼姑。據一位曾經居住竹園的衙前圍吳姓村民（1935 年生，2007 年接受訪問），天后廟在日治時期破爛不堪，廟內的佛像都破爛了，是該位尼姑將天后廟重修，並和其他尼姑在廟旁建屋居住。但吳先生強調天后廟的業權是歸竹園林氏的。

蒲崗和竹園兩村的林氏，共同以林喬德作為祖先。他們相信，林喬德有兩位夫人，嫡妻周氏生日煥，從妻劉氏則生日勝和日登。三個兒子本居於竹園村，但到下一代，日煥整房人遷居至

1 　朱石年：〈香港舊事隨筆：從港九的古老村落說起〉，《春秋雜誌》，第 799 期（1992 年 8 月），第 47 頁。

蒲崗村。因此，遷至蒲崗村的林氏是嫡長房，而留在竹園村的是
庶出，是二房和三房。見下表。

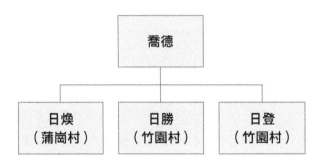

表 5.2　竹園蒲崗林氏三大房

　　香港大學圖書館藏有林氏族譜，封面題為《九龍竹園莆崗林
氏族譜》，沒有編者資料和年份。這是用原子筆抄成的複印本，在
抄寫的過程中，編上了頁碼。據説這族譜是 1960 年許舒博士從竹
園村借來抄成的。在 2011 年訪問期間，筆者在林氏祖堂司理人林
國強先生家中看過正本，並得知本族譜是林氏二十一世祖林奇山
（1873 － ？）編成，由林奇山傳給弟弟林壬發，再由林壬發傳給兒
子林國強。

　　其實林奇山還寫了一部內容上差不多的族譜，傳給自己的兒
子林嘉祥。筆者也在林嘉祥先生的家中見過。這本族譜稱《林氏
家譜》，並且在頭頁註明是「民國己未年孟冬月再分謄續，二十一
傳抄書人奇山諱聯錦題」。考民國己未年是 1919 年，既然《林氏
家譜》是「謄續」，那麼《九龍竹園莆崗林氏族譜》（下稱《林氏
族譜》）便應是林奇山在 1919 年之前編成的。

　　其實，早在 1819 年（嘉慶二十四年），林氏已經嘗試編修族

譜，編者是林憲斌。林憲斌生於 1760 年（乾隆二十五年），是喬德公以下第二房日勝公（竹園村）的曾孫。族譜記載，林憲斌擁有補佾生之功名，雖然那只不過是在祭祀孔子時的候補舞蹈生，但在偏遠的九龍地區，已經是相當了不起了。正因如此，在他一生中，共有三百人跟他讀書。他又指出，他在外地教學數十年後，退休回鄉，在「花甲」（60 歲）的時候，接受族人的請求，負責了編修族譜的工作。

林憲斌承認，編修族譜並非一件容易的工作。原因是，林氏對其四代之前祖先的事蹟已經非常模糊。在這種有限的記憶下，他是如何編寫自己的族譜？根據林氏自己的說法，他是靠着查考一些「舊典」而找出祖先的歷史，至於這些「舊典」是什麼，他則沒有言明。不過，在追查其先祖的事蹟時，天后娘娘的傳說必定發揮了重要的作用。林憲斌說，林氏的祖先為五代巡檢愿公，生三子六女，而第六女正是出身莆田的天后娘娘。既是莆田天后娘娘的遠房親戚，竹園林氏當然是源於莆田。

在確定了莆田的遠宗之後，林憲斌開始述其本地近祖，他考證到其中一個祖先，是宋咸淳十年（1274）豎立在西貢大廟灣（古稱北佛堂）宋朝石碑文字中的「土人林道義」。古碑的內容大概如下：在佛堂門（海峽）的兩岸，南佛堂（今東龍島）有古石塔；北佛堂（今大廟）則有古石碑。咸淳十年，官富場鹽官嚴益章遊覽佛堂門，見石碑已破，他得到了「土人林道義」的資助，重修了石碑云云（見圖 5.2）。

儘管宋朝古碑的內容只是說林道義重修了石碑，但在林憲斌的追溯下，寫下更多林道義的歷史，包括他在北佛堂建立了一所

圖 5.2　宋朝石刻，刻有「土人林道義」。蒲崗竹園林氏認為這就是他們
　　　　在宋代的祖先。2022 年攝。

天后宮。他在《林氏族譜》中説，從莆田移居本地的林氏始祖叫林昌宗，昌宗生雲遠和雲高二子，均以船為家，在福建和廣東之間捕魚作業。但在一次狂風巨浪中，船破板碎，林氏只好駛泊佛門南塘（西貢東龍島）澳口。在此之時，林雲遠的兩個兒子林松堅和林柏堅把供奉在船上的天后像「扶神登岸」，安放在南塘石榻之下，是為南佛堂天后廟。後香火漸多，松堅之子林道義再又「扶神過海」，在北佛堂（西貢大廟）立一廟，是為北佛門天后廟。林憲斌還強調林道義建廟後，「役廟事神，子子孫孫，世代相沿」。

在林憲斌的努力下，林氏的世系圖開始建構出來。但如此一來，喬德公便由開基祖下退至第十三世祖了。林氏宗族的新開基祖是雲遠公，歷代世系如此排列：一世祖雲遠、二世祖松堅、三世祖道義、四世祖賢、五世祖能、六世祖泰、七世祖均、八世祖稔、九世祖秩四、十世祖述倫、十一世祖乾藝、十二世祖敬廷、十三世祖喬德、十四世祖則是日煥、日勝和日登。簡單來説，世居於竹園和蒲崗兩村的林氏，是宋朝人林道義的後裔。

林憲斌着墨的地方主要是林氏一至三世祖的故事，至於四至八世祖，除了人名之外，事蹟全無頭緒。他對這數代的祖先資料的缺陋，只能有如下的解釋：「維時世亂，人事紛紜，舊典消亡。」可説是簡單地一語帶過。

大廟天后宮究竟是什麼時代興建？除了林氏族譜的記載之外，難以考究。不過，它最遲在清嘉慶年間已經出現。嘉慶《新安縣志》有記載：「北廟始於宋，有石刻數行，字如碗大，歲久漫

滅，內咸淳二年四字尚可識。」[2] 這裏的「北廟」，就是北佛堂天后廟。但在林憲斌的「追憶」下，北佛堂天后廟早在宋朝已由林氏三世祖林道義「扶神過海」建立。更有趣的是，《新安縣志》是在嘉慶二十四年（1819）編輯而成，而林憲斌初修族譜，也是在這一二年之間的事情。

　　林憲斌為什麼要編修族譜？又為什麼把重點放在林道義的故事上？這應該是與林氏要爭取大廟天后宮的業權有關（本書第十章提供更多大廟業權的資料）。

2　　嘉慶《新安縣志》（1819，1979 年香港重印），卷四「山水」，第 52 頁。

第 六 章

陸上龍舟

　　農曆新年，可以說是對傳統村落組織能力的測試。2000 年，筆者開始進入九龍衙前圍進行田野考察。父老告知，圍村已經沒有集體慶祝新年；但在戰前，每逢正月十九日，他們都會利用禾稈草結成龍舟，由村民抬着遊村。

　　許舒把這儀式稱作「陸上龍舟」（Dragon Boat on Land）。他在 1960 至 1970 年代在九龍中部進行田野考察，知悉戰前這區的本地村落（馬頭圍、衙前圍和竹園），都在正月十九日會舉行是項儀式。[1] 以下是他的記述（筆者翻譯，但為了增加行文的清晰度，文字有少量增刪）：

1　James Hayes, *The Rural Communities of Hong Kong*, Hong Kong: Oxford University Press, 1983, pp. 161-163.

一、馬頭圍

　　1920 年代的市區發展導致馬頭圍的消失，但在這之前，每年正月十九日，馬頭圍都舉行陸上龍舟儀式。儀式的作用是驅除邪惡、帶來好運。據被訪者的回憶，草龍船由是紙和竹製作，但顧名思義，「草龍」船早期可能是由稻草編織而成的。它長 10 至 12英尺，由一名男子負責抬着遊走，另一人則在前面鳴鑼開道。

　　馬頭圍共有兩條草龍船，此因該區被一條溪河分隔着，河的北面是馬頭圍，河的南面則是一個由同姓宗族組成的馬頭村。正月十九日，馬頭圍和馬頭村的村民都抬着草龍船巡遊村巷，然後送到馬頭涌的岸邊把龍船化掉。不過這只是理論，實際上，化船的地點是由村內耆老在社壇擲筊決定。至於整項活動的組織和財務，則由一名司理負責。記賬收支會貼在村內戶外牆壁上，供所有人查看。

　　當草龍船經過村巷時，會受到每戶村民的歡迎。戶主更為此準備金銀衣紙、香燭、水果和各種糕點等等。糕點是本活動的一大特色，它的材料是番薯、麵粉或芝麻粉。餅身做得很薄，活像印度烤餅。村民將糕點連同祭品放到龍船上，若果數量太多，龍舟裝不下去，此時活動負責人便會另行裝載。在務實態度的驅使下，這些糕點很少隨船燒掉；相反，它們會被分發給現場看儀式的孩子們。

　　當村民被詢問有沒有像喃嘸佬的禮儀專家參與儀式時，對方回答沒有，卻又含糊地提到某某村民是這個儀式的總負責人。

二、衙前圍

一位在 1891 年出生的大磡村老居民對陸上龍舟儀式記憶猶新。大磡是客家村，本身沒有這項活動，不過由於大磡參與了以衙前圍為首的七約村落聯盟，得到衙前圍天后的保護，它的村民因此得到衙前圍接納參加這個儀式。這位大磡老村民說，他在孩童時曾多次目睹整個儀式的過程。

衙前圍的陸上龍舟儀式在農曆正月十九日舉行，亦即與馬頭圍同一天。船是用禾稈草織成，狀如龍舟，有一前一後兩個把手。在巡遊期間，分別由兩人負責抬船。它有五英尺長，較馬頭圍草龍船小。草龍船於衙前圍村巷繞行，但由於大磡村民也進行了捐獻，因此草龍船也巡遊大磡。上述的被訪者說，遊行時間一定是在上午，從來沒有在下午進行。

衙前圍的陸上龍舟儀式在日軍佔領香港期間停止，此後也沒有復辦。儀式的消失，使到衙前圍和大磡兩村的親密聯繫終止。停辦原因應有許多因素，其中艱苦生活下村民對神明信仰的減弱應是其中之一，這也是被訪老人家特別提到的觀點。

1969 年，一些衙前圍的年長村民，向我（許舒）描述了衙前圍在戰前的陸上龍舟儀式。他們的描述基本上與前段大磡村民的說法一致。稍有不同的是，在香港重光後第一和第二年，衙前圍本村仍有繼續陸上龍舟儀式，之後才消失。他們記得，在鑼鼓聲和鞭炮聲中，衙前圍每家每戶都歡迎草龍船的到訪，儀式的目的是在一年開始之際驅除所有邪靈；儀式結束的時候，草龍船不是被化掉，而是推出大海，讓它消失於海中。

三、竹園

在九龍中部，竹園也是每年舉辦陸上龍舟的鄉村。一位在 1896 年或 1897 年（時 18 歲）嫁入衙前圍的老太太說，和其他九龍村莊一樣，是項活動在正月十九日舉行。這位老太太以及她的兒子告知，竹園的陸上龍舟儀式，像衙前圍一樣，是超出一個村莊的節日活動。

早在明朝開始，林氏已經定居竹園和蒲崗，每年正月，這兩個村莊都聯合舉辦陸上龍舟儀式，也接受鄰近其他小村落（如隔坑和沙埔等村）的參與。可惜的是，與衙前圍一樣，竹園的陸上龍舟儀式在日治時期停辦。

竹園的龍船也是用禾稈草織成的。龍舟由四名男子負責，其中兩人抬船，另外兩人敲鑼打鼓。龍船巡遍了所有村屋，並在門口進行簡單祭拜儀式。和衙前圍一樣，戶主將糕餅放到船上，而龍船最後會被送出大海。不過在竹園，龍船入海之前，村民會先把船抬到村落的大王社壇進行儀式。

另一被訪的竹園老太太也記得這個儀式。她於 1911 年從西貢蠔涌嫁入竹園，當時她 18 歲。她同樣指出竹園不是化船，而是讓它在大海漂走沉沒。她特別強調這是九龍本地村落的儀式，人礦客家雖有參與，但不是自己舉辦（龍船來自衙前圍）。另外，在新界其他地方，許多本地村（即使靠近海邊）沒有舉辦陸上龍舟，蠔涌便是一個好例子。

以上是許舒在 1960 年代和 1970 年代的訪談記錄。

四、天機不明

到了 1982 年,香港中文大學歷史系學生李宜芬和麥瑞珍在科大衛老師的帶領下,也去到衙前圍進行了口述歷史。衙前圍的老人家把正月十九的儀式稱之為「天機」。一位吳氏村民（1914 年生）指出,活動是由圍內的天后宮撥出經費支持,包括僱請工藝師傅利用禾稈草紮成龍船。龍船由一個村民負責抬遊,但要兩個人接力,此外還需要另一人走在龍船前面鳴鑼開道,所以巡遊隊伍由三個青年村民負責。當龍船巡遊村巷時,空閒的一人收集每戶村民用番薯、米粉加蔥煮成的「薄餅」。除了薄餐外,村民也把一些象徵不潔的東西（如象徵天花的相思豆）拋入龍舟內。當草龍船離開該戶門口時,戶主會立即在門口燒香,以防邪氣有機會入屋。最後,草龍船會被推出海上,代表着不潔的東西正式離開村莊。

當同學問到天機的起源,吳先生便解釋每年春天,由於多雨,天穿了大洞,若不把它補好,則天雨不斷降下,破壞農作物,於是衙前圍村民便扒旱龍舟以糕餅補青天。這個解釋很有道理,但不大說得通,此因農曆正月的華南氣候又寒冷又乾燥,何來雨水?

「天機」二字何解,沒有答案。康熙《新安縣志》有記載:「十九日名天機,二十日名籟敗,鄉人作紙船送耗到門,主人以麻豆置

船中，送於郊外，船去則桃枝掛大蒜於門，以辟邪鬼。」[2] 根據這些描述，新安縣（範圍覆蓋今天的深圳和香港）的老百姓，會在正月十九進行天機儀式，利用紙船送走代表村中污穢的東西。不過，縣志沒有把天機聯繫到補天穿的事情上。

把「天機」儀式解釋為「補天穿」，則是民俗學家的功勞。他們說，農曆正月十九是個凶日。相傳共工與祝融爭做皇帝，撞斷天柱，蒼天裂開一大洞，有塌下來的危險。女媧於是燒五色石補天，並用爐灰填塞洪水，使人得到安寧。女媧煉石補青天由此成為一個節令，於是廣東人於當日仿效女媧，用糯米粉煎薄餅幫手補青天，謂之「補天穿」。[3] 這個解釋更加不合情理，難道共工和祝融每年都要爭做皇帝，而每次打架都要把天柱撞斷嗎？

無論我們將正月十九的儀式稱為陸上龍舟、扒草龍船或者是天機，1982 年的口述歷史與《新安縣志》有一點是相同的，就是為了驅除厄運和避免瘟疫。這才是新的一年農村人們的共同願望。

戰爭和市區發展，都是農村生活及其傳統節日消失的主要因素。九龍中部在正月十九的陸上龍舟，於 1950 年代完全消失。不過在新界上水的金錢村，至今仍然維持正月十九日扒紙船儀式，村民稱之為「洪朝」（同樣是難以理解的名詞）。除了沒有龍頭，扒船儀式大同小異。紙船最後被村民化掉，而村莊則由此得到潔淨（見圖 6.1 和 6.2）。

---

2   康熙《新安縣志》，地理志，卷三，20 下。

3   林慧文：《惠州古城的傳統風俗》，廣州：廣東人民出版社，1993 年，第35－37 頁。

圖 6.1　上水金錢村的洪朝儀式。紙船約有五英呎長,由二人
一前一後抬着遊村。2004 年攝。

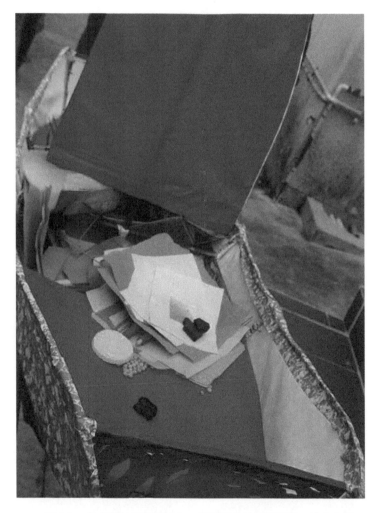

圖 6.2　在令錢村洪朝儀式中，當紙船在村巷巡遊時，戶主會將一
　　　　些象徵不潔的東西拋入船內，包括象徵污穢的黑炭和象
　　　　徵天花的豆，以此送走厄運和疾病。另外放入船內的還有
　　　　各種各樣的糕餅（視乎戶主準備了哪一種糕餅）。村民告
　　　　知，在舊時代，這些糕餅是戶主給與抬船村民的人工，不
　　　　過現在被紅包代替了，即使放了糕餅，也要封紅包。2004
　　　　年攝。

第 七 章

七約太平清醮

「約」有盟約的意思,「七約」是今黃大仙區內的七條古老鄉村結成盟約後的一個互保組織。這七個鄉村,包括衙前圍村、沙埔村、大磡村、隔坑村、打鼓嶺村、石鼓壟村、衙前塱村。時至今日,所有村落都已消失。

衙前圍村村民相信七約是在清雍正年間組成的,1976 年七約建醮委員會在衙前圍村天后宮內所豎立的「廟史」碑云:

> 歷史悠久之慶有餘衙前圍村,本建業於元末明初年間,時維公元一三五二,距今六百二十餘年矣,蓋明初時胡虜南侵,海盜猖獗,民困避亂,輾轉遷徙,迨至雍正二年(公元一七二四)始得安居樂業,聚吳陳李三族姓氏建村開井而居,雖世變滄桑,而遺跡尚存,圍內之

天后宮歷史久遠，村民仍皆秦祀天后元君，七約鄉民爲
崇德報功，例定十年一屆太平清醮，藉以酬謝神恩，第
一屆創於雍正丙午四年（公元一七二六）時至丙辰（公
元一九七六）已第廿六屆，爰泐數言，以留永誌。

從碑文中，我們可以理解七約的組成，與地方治安不靖，尤
其是海盜猖獗有關，而遠在 1726 年，七約已舉行第一屆太平清醮
（俗稱打醮），以酬謝天后娘娘的庇祐，而這種象徵村落聯盟的節
誕，以後每十年舉行一次。

根據許舒的研究，戰前九龍地區存在至少三個太平清醮。每
個太平清醮均以一個村落作爲組織的中心，它們分別是九龍仔、
馬頭圍和衙前圍。戰後，九龍仔和馬頭圍的太平清醮已經停辦，
至於衙前圍的七約太平清醮，規模也大不如前。1966 年，許舒在
七約太平清醮期間去了衙前圍，並針對馬頭圍和衙前圍的打醮歷
史做了一些訪問，以下是他的記述（筆者翻譯，但爲了增加行文
的清晰度，文字有少量增刪）：

馬頭圍的打醮儀式每十年進行一次。根據衙前圍受訪者的記
憶，並按照他們的年齡作出推算，該活動在 1906 年、1916 年、
1926 年都曾舉行過，而最後一次打醮則是在馬頭圍剛被清拆後的
1936 年。打醮通常在冬季舉行，這個時候村民比較清閒，而天氣
也適宜。

打醮是馬頭圍村的重要祭祀活動，但參與的費用並不便宜：
在 1910 年代和 1920 年代，每個男性、女性甚至兒童的費用一律
爲 3 元。（九龍其他地區的打醮也是如此，如蘇屋、九龍塘和九龍

仔也在這個年代合辦打醮，三村村民，無論男、女、兒童，也是每位一律收取 3 元的捐助。）村民會保留歷屆打醮的收支記錄。

打醮的其中一項重要活動是邀請附近村落的神靈到來參與，這對維護村落之間的友誼至關重要。就馬頭圍打醮而言，被邀請的村落神靈是天后，收到邀請的村落由鄰區的衙前圍、九龍仔和牛池灣，以至較遠的鯉魚門、銅鑼灣和佛堂門（大廟灣）等。馬頭圍村民會去到這些村落迎接神像，然後安置在馬頭圍村停留一週或更長時間才送返。太平清醮是神靈離開本身廟宇進行出巡的其中一個日子，其他日子還包括有神靈的生日，村民請神靈出戲棚觀賞大戲或木偶戲，又或者在瘟疫和乾旱期間，村民需要神靈在村巷巡遊以加強保護等等。打醮完畢，神靈便被送歸原來廟宇。

在迎送神靈的過程中，馬頭圍村民舞動獅子和麒麟到訪衙前圍、蒲崗和九龍仔等友好村落，這些都是九龍中部較大的本地人村落。耆老們穿着最好的衣服，坐在轎子上陪同神靈巡遊。

打醮的主要儀式是在一個專門為此目的而搭建的大竹棚內進行，另外還有一個專供木偶劇團表演的棚子。

衙前圍七約打醮是九龍中部村落唯一延續至今的村落祭祀活動之一，這可能是因為該村尚未被拆除或重新發展。該活動每十年在農曆冬季舉行一次，最近一次是在 1976 年。我（許舒）的一位已故的被訪者記得參加過 1896 年的打醮，當時他還是十一歲的男孩。

七約打醮，與馬頭圍一樣，村民會向附近村落發出邀請。接神是打醮的重要組成部分，一般是在儀式正日的一週前進行。與馬頭圍打醮一樣，在七約的打醮中，天后是唯一受邀的神靈。同

樣，銅鑼灣天后和佛堂門天后也是被邀參加的對象。

　　七約打醮中，村民是在衙前圍圍門外搭建三個竹棚進行打醮主要儀式，主要原因是圍內缺乏進行大型活動的空間。事實上，該村兩大宗族的祠堂以及一所村校也是建立在圍外的。[1] 最大的竹棚是「神棚」（筆者按，即戲棚），是擺放和祭祀圍村神像之用（筆者按：戲棚有臨時神龕，以安置出宮看戲的天后娘娘，見圖7.1）；其次是「醮棚」，是喃嘸佬唱誦經文的地方；第三個是「來賓廳」，那是村民用以接待嘉賓的地方。還有一個「更棚」，供維持秩序的看守人的休息地方。在現代馬路伸展到村落之前，把建築材料運送到打醮現場並不容易，故此這些建築的搭建需要花相當的時間。

　　我（許舒）考察了七約在 1966 年的打醮。一位村民告知，1966 年的儀式，無論在規模和奢華程度上，只是戰前的十分之一。毫無疑問，這是可以原諒的誇張。的確，七約在戰前的打醮在佈置方面相當考究，例如有從廣州訂購雕刻着龍的木柱，還有許多（本地製作的）彩繪木刻裝飾（1966 年的七約打醮情況，見圖 7.2）。

　　打醮的遊神活動，須經過七約聯盟下的所有鄉村。所謂七約，即衙前圍村及其鄰近的村莊。在七約的鼎盛時期，村落的數量實際上超過了七個。不少村民仍記得，天后神像到村的熱鬧情

1　不清楚許舒所指的兩大宗族是誰。筆者從田野訪問所知，只有衙前圍吳氏在圍外建立了祠堂。

圖 7.1　1966 年七約太平清醮中，衙前圍村民將天后
　　　　娘娘迎出來戲棚看木偶戲。（照片由梁錫麟先
　　　　生提供）

圖 7.2　1966 年七約太平清醮，村民在圍門外搭棚做儀式。圖左應是
　　　　戲棚，背後則是剛落成的公共房屋東頭邨。(照片由梁錫麟先
　　　　生提供)

況。巡遊隊伍達數百人之多，多來自衙前圍和沙埔村。[2] 而在打醮期間，許多在遠洋輪船上工作的村民，也紛紛回村參加慶典。一位老人家憶述在 1926 年打醮時，他正在一艘停靠上海的船上工作，突然收到家鄉電報請他回村參加打醮。

遊神隊伍從一個村莊走到另一個村莊，從一個廟宇去到另一個廟宇，依次參拜神靈並受到當地村民的接待。路線如下：衙前圍村出發，到沙埔村海邊的天后宮，再經九龍街（九龍寨城外的商店大街）到侯王廟，再到九龍仔、馬頭圍，以及位於該村後面的北帝廟，入蒲崗村洪聖廟，最後又回到衙前圍。這是一個非常迂迴的旅程，參與者度過了疲憊的一天。

伴隨「四天五夜」打醮儀式的，還有木偶戲表演。一名老村民告知，自他男孩以來，直至今天（筆者按：應是指 1976 年的打醮），一直是木偶表演。1946 年和 1956 年的木偶劇團是從長洲請來的，但戰前則是從廣州和佛山聘請。

據訪問得知，衙前圍、馬頭圍和九龍仔的打醮都是十年一屆，但三村是在不同年份舉行的。至於誰先誰後？被訪村民之中存在爭議。

2　沙埔村是衙前圍吳陳李三姓繁衍出來的村莊，但英國人租借新界後，不少客家人也遷進附近居住，原來的本地人沙埔村遂被稱為上沙埔，以區別由客家人形成了的下沙埔村。下沙埔村環境較差，屬低窪地帶，容易水浸，卻又欠缺水井。日治時期，日軍為了挖掘啟德明渠（當時叫做大坑），已經拆了上下沙埔三分之二的土地，餘下的民房也在 1962 年被香港政府因為興建徙置區完全清拆（《香港記憶》網站，吳世明訪問、紅姑訪問，2012年）。七約內的沙埔村，有可能只限於上沙埔這個本地村。

　　打醮是村落自己的慶典，所以當其他友好村落到來慶賀的時候，是不會被要求出資或幫忙的。有時候，到訪者會有獅子或麒麟伴隨，目的是增添這一場合的熱鬧性和重要性。

　　每次打醮的收入和支出均有記錄和存檔。我（許舒）看過1946 年衙前圍的記錄，但當時並沒有想到要複製這些資料。1966年，衙前圍村民告訴我，是次打醮的規模雖然較戰前小，但戲棚的搭建仍要花費 2,600 元，而木偶劇團的五場演出每場收費是 100元。1966 年，聘請喃嘸佬（六至十人）的支出約為 2,000 元。這些喃嘸佬來自大埔和香港仔，但據說戰前是由本村村民做打醮喃嘸的。

　　戰前的打醮活動頗具規模，當時的九龍鄉村還沒有受到市區發展的嚴重影響，村民對村落的宗教儀式存在很大的熱情，傳統的生活節奏就是這樣維持着了。[3]

　　以上是許舒的訪談記錄。

　　許舒考察了 1966 年七約太平清醮，留下珍貴的口述歷史；同樣珍貴的，是大磡村朱石年先生（1922 年生）留下的 1936 年七約打醮的親身體驗。朱先生在一篇文章內，記述了當年的七約打醮是共分七日六夜進行的。村民在衙前圍村門口的池塘上搭棚設壇，各鄉父老雲集拜祭，祈求世界昇平，民豐物阜，祭壇兩旁懸聯云：「七日風光應共賞；十年人事又翻新。」打醮的其中一個重要儀式，是七約的父老抬着天后的神像巡遊鄉村，由於旅程遙

3　　James Hayes, *The Rural Communities of Hong Kong*, pp. 85, 156-159.

遠，凡年達七十的父老可以乘坐四人大轎以省勞累，朱先生當時
十四歲，是隨着祖父轎旁陪行的，雖然辛苦，但每經過的鄉村，
當地的鄉親均設茶點招待，除生果西餅，還有當時俗稱「荷蘭水」
即屈臣士的沙示汽水。天后巡遊經過的鄉村，朱先生記得包括衙
前圍、瓦窰頭、馬頭圍、牛池灣、大磡、元嶺等等。每經過鄉
村，隨行父老均到廟宇拜神，如馬頭圍的上帝古廟和牛池灣的三
山國王廟等，至於沒有廟宇的鄉村如大磡村，隨行者亦往祠堂禮
拜。[4]

　　牛池灣是客家村莊（詳細可閱本書第十五章），不屬於七約的
主要七個鄉村，但據朱石年的記憶，該村也是七約天后的保護範
圍之內。吳少洪，衙前圍人，1943 年生，在 2012 年接受《香港記
憶》作者訪問，仍然記得和平後初年的七約太平清醮中的大士王
出巡儀式。大士王，俗稱鬼王，是村民在打醮期間控制鬼魂秩序
的神明。當打醮鄰近尾聲，村民便從神棚抬出大士王出巡鄉村，
以驅走邪氣。先在衙前圍及其附近一帶鄉村巡遊，原至牛池灣三
山國王廟，然後拐到侯王廟和九龍城，最後返回衙前圍。沿途村
民敲鑼打鼓，撒飯和芽菜以招呼孤魂野鬼，場面好不熱鬧。[5] 圖
7.3 是 2006 年七約太平清醮的大士王。但隨着市區發展，大士王
基本上只留駐現場，不再出巡鄉村了。

　　隨着市區發展，衙前圍村已被清拆，2016 年衙前圍村民仍然

4　朱石年：〈香港舊事隨筆〉，第 46 頁。
5　《香港記憶》網站，吳少洪訪問，2012 年。

圖 7.3　2006 年七約太平清醮的大士王。隨着市區發展，大士王基
　　　　本上只留駐現場，不再出巡鄉村了。2006 年攝。

進行了第三十屆七約太平清醮，仍然上演木偶粵劇，但打醮的場面已無復當年了，醮期亦縮短至兩日三夜而已。已經延續了三百年的傳統節日，大概總有一天會結束。

第 八 章

集體官契內的祖堂地

1905 年，《集體官契》正式生效，它成為了殖民管治時期的新界田土記錄，也是政府徵收地租（Crown Rent）的依據。

與清朝的土地業權相比，《集體官契》有兩個特色。首先，在租期方面，給予的只是 75 年，可續租 24 年（但減三日），而不是清朝慣常的永久業權。第二，《集體官契》將土地分為「農地」和「屋地」兩種。顧名思義，屋地是可以興建房屋的土地。正因如此，屋地的地租遠較農地為高。若農民有需要在農地上建屋，他是須要向政府申請改變土地用途（由農地轉成屋地），獲得批准的話，便要繳納龐大的費用，俗稱「補地價」。

雖然有改變，《集體官契》卻保留了一項重要宗族傳統，就是容許以「祖先或神明」（俗稱「祖堂」）登記土地。以祖先名義登記的土地，習慣上稱為「祀田」、「嘗田」、「嘗產」、「祖嘗」或「太

公地」。按照中國傳統，祀田的收益是用以拜祭該祖先，但若有餘款，則可由男性子孫決定如何花銷或分享。

衙前圍在地段類別（Lot Type）文件編號 SD1 的《集體官契》裏面。SD1 全份文件 357 頁，除了衙前圍，還有鄰近的東頭村和沙埔村。在衙前圍的範圍內，以吳氏不同世系祖先登記的祀田超過一百個地段（Lot）。面積按英畝（acre）計算，每百分一英畝（0.01 acre），稱作一分地。政府為了方便行政，以一分地作為當時的最低面積。即是說，任何少於一分之地，都會取捨為一分地。[1]

衙前圍吳氏以吳成達為九龍開基祖，表 8.1 是族人以吳成達祖名義登記的土地列表：

地段編號	土地用途	面積（英畝）	租用年期
1680	農地	0.01	75
1972	農地	0.12	75
5223	屋地	0.02	75
5339	農地	0.01	75
5341	農地	0.24	75
5524	農地	0.01	75
5604	農地 屋地	0.06 0.15	75
5631	農地	0.02	75

表 8.1　吳成達祖祀田

從表 8.1 可見，以開基祖吳成達個人名義登記的土地共有 8

1　梁守肫：《地界迷津：從百多年前的丈量約份圖說起》，香港：花千樹出版有限公司，2018 年，第 62 頁。

幅，面積共 0.64 英畝。這些祀田，可能在不同年代被購入，並在
不同朝代向縣衙門登記了業權，但也有可能是只在英治政府在新
界登記土地時候，吳氏族人才去把一些土地寫在開基祖的名下。
《集體官契》的記錄裏面，吳成達祖的祀田，絕大部分都是農地，
唯一可以建屋的是地段編號 5604。從筆者訪談得知，那就是吳氏
宗祠的所在地。

　　吳成達是衙前圍吳氏的九龍開基祖，算是「大太公」（或「總
太公」）。祀田雖然不少，但更多的祀田是登記在他的子孫（小太
公們）的名字下。我們先看看吳氏宗族的世系圖，見表 8.2：

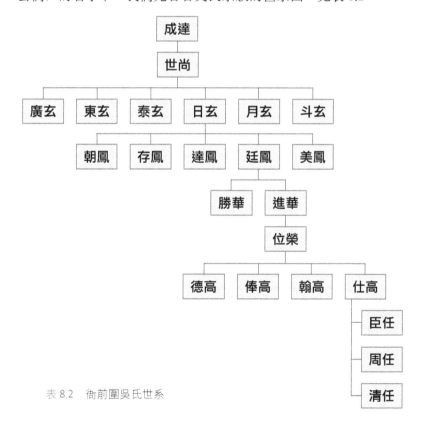

表 8.2　衙前圍吳氏世系

從上表可見，吳成達生兒子吳世尚，下分六大房，從長到幼，分別是吳廣玄、吳東玄、吳泰玄、吳日玄、吳月玄和吳斗玄。翻查《集體官契》，不難發現第四房日玄祖一系，在土地佔有中特別成功，見表 8.3。

地段編號	土地用途	面積（英畝）	租用年期
94	農地	0.10	75
101	農地	0.08	75
746	農地	0.04	75
749	農地	0.04	75
5353	屋地	0.07	75
5354	屋地	0.06	75
5355	屋地	0.11	75
5470	農地	0.06	75
5528	農地	0.03	75
5533	農地	0.16	75
6134	農地	0.06	75

表 8.3　吳日玄祖祀田

從表 8.3 可見，吳氏以第四房日玄祖之名所登記的土地共 11 幅，共 0.81 英畝，多於大太公成達祖的 8 幅地共 0.64 英畝。

日玄祖祀田的出現，反映出宗族購置新的祀田的時候，盡量將田產登記在接近自己一房的世系上，以減少田土利益的分薄。衙前圍的吳氏子孫之中，若是屬於日玄祖一房，則從祀田而來的利益便有兩份，一份來自成達祖，另一份來自日玄祖。

日玄祖以下的吳位榮也是大地主。根據吳氏族譜，他是清康熙十三年（1674）生。表 8.4 是《集體官契》內位榮祖個人名義擁有的土地，有 10 幅地，共 1.1 英畝。

地段編號	土地用途	面積（英畝）	租用年期
689	農地	0.18	75
712	農地	0.11	75
1219	農地	0.10	75
1220	農地	0.06	75
1221	農地	0.41	75
1223	農地	0.05	75
1224	農地	0.10	75
1225	農地	0.06	75
5236	屋地	0.01	75
5237	屋地	0.02	75

表 8.4 吳位榮祖祀田

吳位榮的四個兒子，亦即吳德高、吳俸高、吳翰高、吳仕高，也是衙前圍一帶矚目的大地主，形成了第四房（日玄祖）以下的四小房。他們是清乾隆年間人，衙前圍天后宮門前的石花盤，是吳翰高在乾隆二十八年（1763）捐贈（見圖 8.1）。

在今天，衙前圍吳氏宗族成員，很多也是來自這四小房。習慣上，吳氏是如下稱呼他們的：德高祖是四房一、俸高祖是四房二、翰高祖是四房三，而仕高祖是四房四。表 8.5 是他們的祀田分佈：

業主	房系	共有土地（幅）	總面積（英畝）
德高祖	四房一	9	1.05
俸高祖	四房二	1	0.14
翰高祖	四房三	2	0.13
仕高祖	四房四	36	7.27

表 8.5 吳氏四小房祀田

圖 8.1　衙前圍天后宮門前的石花盤，是吳翰高在乾隆二十八
　　　　年（1763）捐贈。吳翰高擁有相當的財富。英國租借
　　　　新界的時候，他的祀田被直屬子孫以「翰高祖」名義
　　　　登記了。這一支的吳氏族人被稱為四房三。

從表 8.5 可輕易察覺，在租借新界的時候，以四房四仕高祖的名義登記的祀田最多，即使將其餘三房的所有祀田加起來，仍然遠較仕高祖為少。

根據以上的資料，不難發現，英國政府租借新界時，衙前圍吳氏的祖堂，最為富裕的有吳成達祖、吳日玄祖和吳位榮祖。這些祖堂，至今仍然運作。見圖 8.2。

習慣上，衙前圍吳氏是以分房輪管的辦法，去處理吳成達祖和其他世系祖先的祀田。在 1980 年代，成達祖的祀田，由廣玄、東玄、泰玄和日玄四房輪管（月玄和斗玄兩房亡失[2]）；日玄祖的祀田由朝鳳、存鳳、達鳳、廷鳳四房輪管（美鳳一房亡失），如此類推。當輪至某房的時候，該房的子孫便公選一名掌數者，俗稱「值理」，管理相關的太公財產。值得注意的是，吳氏的祀田太多，很多早已租給了同村族兄弟甚至其他姓氏長期佃耕，因此所謂輪管，變成輪流收取和管理從租佃太公祀田而來的金錢。由於沒有任何核數監管，值理是非常吸引的職位。

每年正月初七，約上午 11 至 12 時，吳氏族人均齊集祠堂，一方面進行房房之間的帳目交代，另一方面即將於未來一年管理太公帳目的房系，會公選值理。但這種公選的辦法不一定公平，比方說，位榮祖的祀田應由他以下的德高、俸高、翰高和仕高四房輪管，當輪到仕高祖的時候，值理便應由他下面的臣任、周任和清任三房子孫選出，假若周任一房人丁單薄，該房子孫便自然

2　村民解釋，亡失的意思是不肯定後人是否仍然存在而已，日後若出現，若有族譜，也可以加回來。

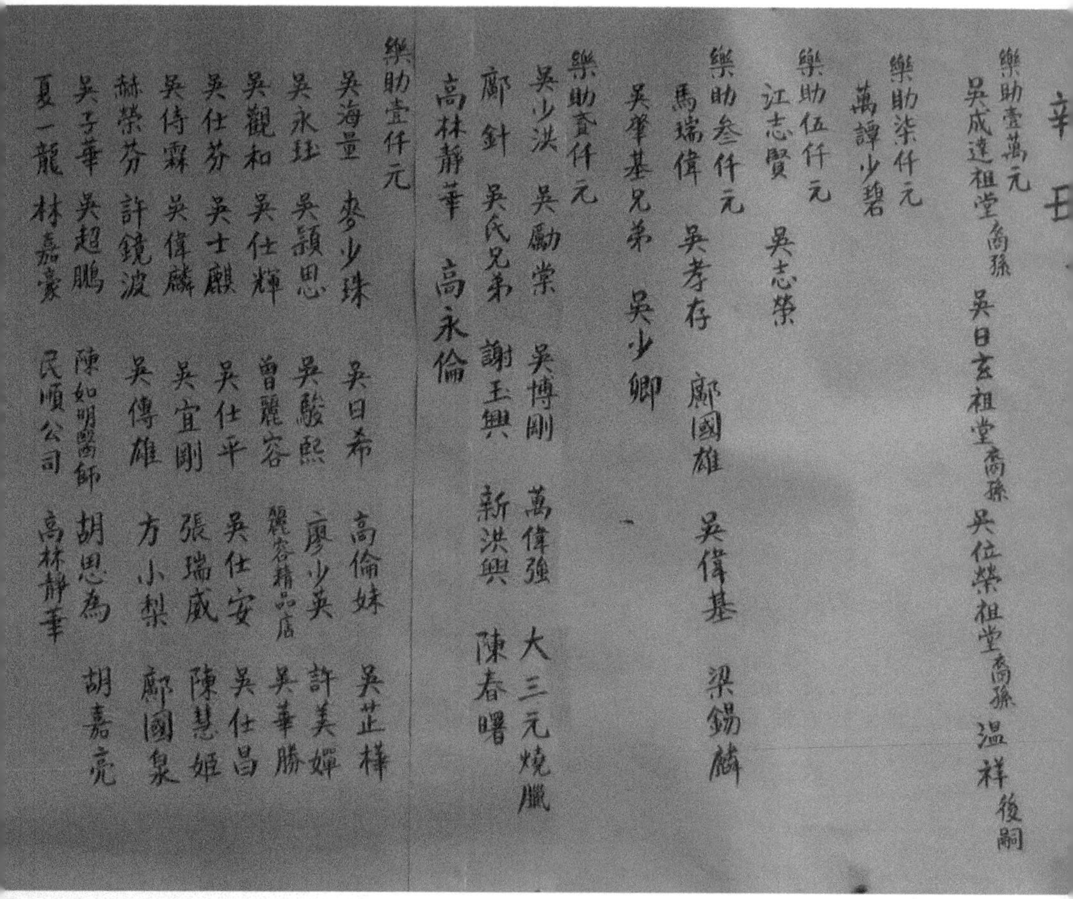

辛丑

樂助壹萬元
　吳成達祖堂裔孫　　吳日玄祖堂裔孫　吳位榮祖堂裔孫　溫祥後嗣

樂助壹萬元
　吳成達祖堂裔孫　吳日玄祖堂裔孫　吳位榮祖堂裔孫　溫祥後嗣

樂助柒仟元
　萬譚少碧

樂助伍仟元
　江志賢　　吳志榮

樂助參仟元
　馬瑞偉　　吳孝存　　鄺國雄　　吳偉基　　梁錫麟
　吳肇基兄弟　吳少卿

樂助貳仟元
　吳少洪　吳勵棠　吳博剛　萬偉強　大三元燒臘
　鄺針　吳氏兄弟　謝玉興　新洪興　陳春曙
　高林靜華　高永倫

樂助壹仟元
　吳海童　麥少珠　吳日希　高倫妹　吳芷祥
　吳子華　吳永珏　吳穎思　廖少英　許美嬋
　赫榮芬　吳頴和　吳仕輝　曾麗容　麗容精品店　吳華勝
　吳侍霖　吳観和　吳士麒　吳仕平　吳仕安　吳仕昌
　吳偉麟　吳仕芬　張瑞葳　陳慧姬
　許鏡波　吳宜剛　方小梨　鄺國泉
　吳超鵬　吳傳雄
　夏一龍　林嘉豪　民順公司　陳如明醫師　胡思為　胡嘉亮　高林靜華

圖 8.2　從 2021 年重修衙前圍天后宮樂助芳名可見，吳成達祖、吳日玄祖和吳位榮祖仍然積極運作。

難以當選。1982 年，翰高祖以下第三房的一位吳姓村民，與訪問員談起祀田管理的事情時，有以下的評論：負責掌管太公數的人乃由村中各兄弟選出，選出後負責收納田租舖租等等。雖說是選舉，強房欺壓弱房一直出現。值理當選後利用太公數私自發展生意亦大有其人，此因入息支出等無正式登記，所有支出都由這位掌數者自己開列報銷。

第 九 章

何以吳陳李

　　衙前圍吳氏故老相傳，1724 年（雍正二年）吳氏聯絡了陳氏和李氏三姓人共同建立衙前圍，簡稱吳陳李三姓。正如圍內天后宮內的「廟史」碑（七約建醮委員會立於 1976 年）中說：「……海盜猖獗，民因避亂，輾轉遷徙，迨至雍正二年（1724）始得安居樂業，聚吳、陳、李三族建村，開井而居。」這個姓氏的排列次序，很多時是視乎被訪者的背景，在 2007 年一次訪問中，一位陳姓村民（1927 年生）的說法是「陳李吳三姓」。

　　衙前圍村是中國式的堡壘，具有明顯的軍事防衛建築，圍牆是由房子的外牆組成，再以護城河作保護。2012 年，衙前圍村民紅姑（約 1931 年生）接受《香港記憶》訪問，說這些貼着護城河的房子被稱為「平安屋」，她的哥哥便是住在其中一間平安屋。各間平安屋的屋牆相連，構成 ·道「萬里長城」。平安屋的高度跟

圍內其他房屋相同，但圍牆特闊，足夠讓她年輕時放工後躺在圍牆上端舒適地小睡。[1] 圍牆除了堅固外，四個方角更設有更樓。主門設於東面，有吊橋一道，以供出入，但在晚間和危急時候便會收起。

衙前圍建築工整，具有明顯的中軸線，從主門進入，便見到盡頭的天后宮。在中軸線的兩邊，各有六條橫巷，接近主門的叫做第一巷，然後是第二巷、第三巷，直至第六巷。這些橫巷左右對稱，屋宇整齊排列其間。各屋規格相似，約十呎乘二十呎。

英國人租借新界的時候，圍內所有的建築物所覆蓋的土地（包括房屋和四角的炮樓）都被登記了。根據《集體官契》內的地圖和業權登記，見圖 9.1。

從圖 9.1 可見，在租借新界初期，衙前圍內的房屋相當完整，基本上一個房屋是一個地段編號，部分地段包含了兩間甚至三間房屋。最有趣的是，更樓也有地段編號，表示也被人登記了。至於護城河，則沒有被登記。

圖 9.2 是筆者參考《集體官契》SD1 內的業權登記，根據姓氏填上顏色。橙色代表吳氏物業，藍色代表陳氏物業，而綠色代表李氏物業。屬於三個姓氏之外的物業，則沒有填上顏色，基本上是姓車和姓翁。但不難發覺，他們佔的地段數量不多，而且集中在第六行。其中西北面更樓（Lot No. 5981）和旁邊的屋地（Lot No. 5980）是屬於車氏，相隔幾間房屋便是 Lot No.5976，那是屬

1　《香港記憶》網站，紅姑訪問，2012 年。

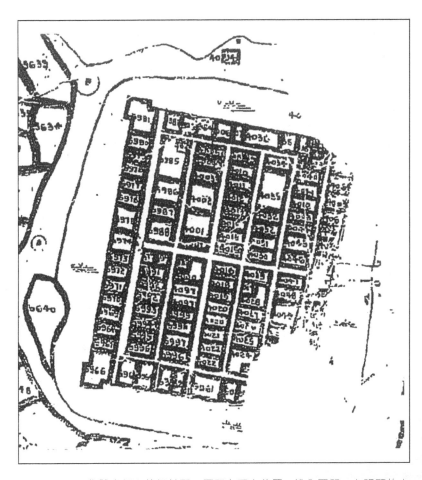

圖 9.1　集體官契內的衙前圍。圍門在圖右位置，進入圍門，有明顯的中
　　　　軸線，左右是六條橫巷。

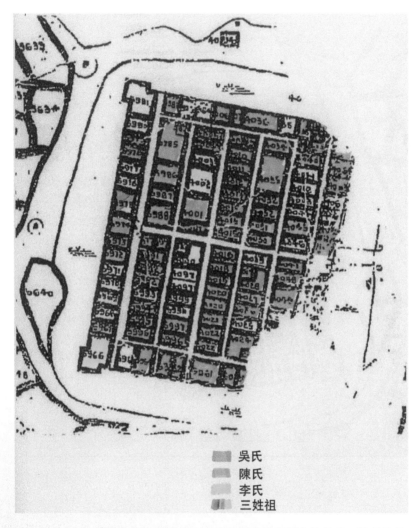

吳氏

陳氏

李氏

三姓祖

圖 9.2　衙前圍內的地權分佈，白色代表吳陳李以外的姓氏。雖然數量
　　　　少，仍可見圍內土地不完全由吳陳李三姓獨佔。

於翁氏，至於接近西南面更樓的 Lot No. 5969，則又再屬於車氏。

根據訪問資料，第六巷並非良好的居住區域。李先生（1929 年生）曾居於衙前圍，2012 年接受訪問。他還記得小時候，第四巷很少人居住，陰陰沉沉的；第五巷也陰沉，左右只有一兩家人住；到了第六巷，基本上沒人住，只用來養豬。李先生說，每到半夜，衙前圍的第五、六巷都傳出嗚嗚的怪叫聲，像是伸冤者在叫喊。村民迷信，說那是「鬼叫」。李先生當時年紀小，從來不敢在晚上進入第四、五、六巷。

在英國人租借新界的時候，如地圖 9.2 所見，衙前圍最大的地主是吳氏，約登記了一半左右的屋地，陳氏和李氏的業權相當。吳氏的實力，還在於他們擁有天后廟坐落的土地，即是第六行中間衝着中軸線盡頭的房屋，地段編號是 5974。天后宮內有同治五年（1866）和光緒二十年（1894）的香爐各一。在《集體官契》的業權登記人是 Ng Kwai Cheung。這地段在 1928 年以 200 元轉手，但仍然是吳姓（吳樹興）業主。圖 9.3 是 2000 年攝的衙前圍，雖然護城河已經消失，但仍可清晰見到六個橫巷和天后宮。

值得注意的是天后宮旁邊的房屋，地段編號 5975。在《集體官契》內，業權是由吳成達祖、陳朝賢祖和李成規祖共同持有。最初的司理人是吳氏，到了 1941 年開始，每個祖均派出自己的司理人，於是便有三個司理人。吳成達、陳朝賢和李城規，分別是衙前圍吳氏、陳氏和李氏的九龍開基祖。吳成達祖的故事早已在本書第五章「落擔開基的祖先」已有交代，至於陳氏的開基祖陳朝賢，來自沙井，陳氏的族譜沒有記載他的生卒年份，只知道是

圖 9.3　從右邊的圍村正門直走，穿過五條橫巷，去到第六巷，迎面便是
　　　　黃色瓦頂的天后宮。2000 年攝。

明朝人，因要防守九龍，由新安衙門鄉派來，是為九龍之過江祖。[2]
三姓之中，李氏的來源最不清楚，據李氏的族譜，[3] 李氏的祖先是
在清朝才來到九龍的，原居於東莞庵下，後因到九龍賣布，便在
衙前圍落籍。

據訪問所知，地段編號 5975 上的房屋，是用作類似村公所的
場所，村民稱之為「眾所」（圖 9.4）。眾所是公家存放鑼鼓、旗
幟等鄉村慶典道具的地方，也是圍內男性村民聊天和打麻將的空
間。[4]

吳陳李三姓在衙前圍的重要性，是一起擁有並且管理眾所，
並以眾所這個名義去管理全圍的事務。眾所的日常支出主要是打
理圍內天后廟和圍外左面的社壇伯公，以及慶祝每年三月二十三
日天后誕。

眾所沒有祀田，那麼經費從何而來？上述的李氏村民（1929
年生）記憶，在戰前，三姓祖司理將包圍衙前圍的護城河闢建魚
塘，招標養魚，由此便有了收入。投標在眾所舉行，主事者先讀
出投標者的姓名，再由到場人士舉手表決。李先生記得他的父親
也曾成功投得養魚權，並委託任職廣九鐵路局的同村老表乘工作

2　《將軍澳村陳泰、勝、學賢族譜》，1999 年。

3　現存李氏族譜有兩個版本：一部是 1928 年編的線裝《李姓家譜》，內容記
　　述了十四世至二十世祖先的事略；另一部是複印本，缺封面，但也是李氏
　　的家譜，也是從十四世祖先開始記述，一直至二十三世子孫。比較兩部族
　　譜，十四世至十九世的介紹大致相同，但在十九世開始則各有記述，因此
　　筆者估計是屬於這個階段開始的不同房系的支譜。

4　《香港記憶》網站，李富訪問、吳瑞武訪問，2012 年。

圖 9.4　天后宮旁邊的白色建築是眾所，由吳陳李三祖公共擁有。
　　　　2000 年攝。

之便，買入順德淡水魚苗。魚苗養在塘內，一年後抽走塘水，便有豐厚的收成。

可是日軍在佔據香港期間，將魚塘填平了。日軍的目的是為着方便泥頭車出入，以運載從後山開採得來的沙石進行填海之用。魚塘被填平，三姓祖主持的眾所頓失收入。每當提起此事，村中耆老仍耿耿於懷，説後悔沒在和平後向香港政府申領這塊原本是魚塘的土地。

失去魚塘之後，眾所不久也倒塌，三姓祖無力重修。後有客家夫婦從梅縣移居到九龍，也不清楚如何開始，總之在眾所的原址重建了一個房子。由於這對客家夫婦是織布為生的，於是二人便在屋內搭了幾台織布機，生產布匹。2004 年左右，三姓祖司理們，連同衙前圍鄉長和村代表等，與住客（這時只剩下客家婦人）當面對質，主要是要澄清有沒有人曾經收過住客租金？眾人均説沒有，老婆婆説有，只是以天后廟香油代替而已。最後雙方達成協議，老婆婆願意以後向三姓祖交租。[5]

戰後三姓祖仍有運作，大概在客家夫婦佔據眾所期間，三姓祖在圍門上蓋搭建新鄉公所。最初的鄉公所很小，而且是依靠木梯上落，後來為了方便老人家，才建了一道固定的樓梯，並將鄉公所向旁擴大多一倍空間（圖 9.5）。[6] 但失去魚塘的收入，鄉公所仍然財政緊絀，即使把眾所外租給客家婦人，收入仍然很有限。

5　《香港記憶》網站，吳鴻安訪問，2012 年。
6　《香港記憶》網站，吳瑞武訪問，2012 年。

每年的天后誕祭祀活動是圍村的精神所在，無論如何都不能停辦，只好節儉地維持。

2011 年，眾所所在的 Lot No. 5975 被政府收了。據筆者訪問，三姓祖平分了賠償金，每祖分得 200 多萬元。至此，吳陳李三姓在過去幾百年在管理衙前圍事務上的合作，算是正式走到了終結。

圖 9.5　和平後失去魚塘的三姓祖，將眾所出租，然後在圍門上搭蓋一層作為新的鄉公所。2000 年攝。

第 十 章

西貢大廟誰屬

西貢大廟（圖 10.1 和圖 10.2）與九龍中部的距離頗遠。地圖顯示，今天若從黃大仙向東步行到大廟，全程 17.8 公里，要花上 4.5 小時，難以想像大廟與九龍的村民有關。

2005 年和 2011 年，筆者訪問了一位約 1914 年出生，一生務農（先是種禾，然後養豬種菜為主）的老太太吳林氏。兩次訪問，他的兒子吳佛全先生（1935 年生）均在場，並補充意見。吳林氏是蒲崗村林氏，訪問中多次強調家裏很多田，以此表達嫁到窮等家庭（她補充說吳氏太公有很多地，但夫家卻窮）。吳先生說母親小時候已經幫手看牛，曾被牛撞傷腰，年紀大走路一拐一拐，晚年出現骨枯與此有關。吳氏十九歲嫁入衙前圍前的小聚落（俗稱踎前），又說會到大廟一帶的山頭割草，坐小艇去，割完草後天色已晚，習慣在天后廟睡一晚，待第二早上便坐小艇返回九龍。

圖 10.1　西貢大廟。2023 年攝。

圖 10.2　大門石牌匾「天后古廟」有光緒三年（1877）重修字樣。2023 年攝。

關於去大廟割草的事情，吳佛全在 2012 年接受《香港記憶》訪談的時候有所補充。他說昔日九龍各鄉在獅子山、鳳凰村、橫頭磡等地的山林地，是各姓太公世代相傳的祖業，地權有明確劃分。雖然山界不設界標，但鄉村人都知悉界限。每村只能在所屬的範圍內割草，越界割草者的挑擔會被斬斷，空手而回。部分有感情聯繫的村外人，間中也可破例越界割草。每年農曆新年前，鄉村對柴草的需求甚殷，以蒸煮年糕等賀年食物。早年母親曾坐船到大廟附近割草，因此需要在廟內借宿一宵。[1]

吳林氏的經歷很有趣，說明西貢沿海地區可以是在九龍村民的生活圈內（即使是外圍）。另外，可能表明蒲崗林氏與大廟當地村民存在感情聯繫。

對於歷史學家來說，可能西貢大廟側的一塊宋朝石碑更加珍貴，內容如下：

> 古汴嚴益彰、官是場。同三山何天覺、來游兩山、考南堂石塔、建於大中祥符五年。次、三山鄭廣清、堞石刊本，一新兩堂。續、永嘉滕了覺繼之。北堂古碑、乃泉人辛道朴鼎剙於戊申，莫考年號。今三山念法明、土人林道義、繼之。道義又能宏其規，求再立石而以紀。咸淳甲戌六月十五日書。（圖 5.2）

---

[1] 《香港記憶》網站，吳佛全訪問，2012 年。

　　碑文的意思大概是：開封縣人嚴益彰，乃官富場的鹽官。一日，與福州人何天覺同遊南北佛堂，考得南佛堂的古石塔，建於大中祥符五年（1012），後有福州人鄭廣清大事修理，兩堂勝蹟，煥然一新。北佛堂有古碑，乃泉州人辛道朴建立，年代已不可考，只知是戊申年。今有福州人念法明和土人林道義，繼起重修兩堂。林氏又能擴大其規模，求嚴氏書文刻石以紀其勝。咸淳甲戌（1274）六月十五日書。[2]

　　此宋碑的內容反映了香港地區早期作為官富鹽場的歷史，但文中所列的人名，包括嚴益彰、何天覺、鄭廣清、念法明、林道義，在正史或地方志中均不可考，碑文也沒說過有天后廟。不過，在清嘉慶年間，當竹園和蒲崗林氏編寫族譜時，便確認了宋代的「土人」林道義乃其祖先，從而強調大廟是他們的產業（參考本書第五章內的「竹園蒲崗林氏」）。

　　蒲崗林氏的確是大廟一帶的地主。當 1898 年英國人租借新界的時候，林氏在天后廟一帶範圍登記了許多土地。《集體官契》（區域編號 DD240L）顯示，大廟附近一共登記了 51 塊農地，而有趣的是，業主都是來自兩個本地鄉村——田下灣薛氏和九龍蒲崗林氏。他們以自身地址申報，似乎都是不在當地耕種的地主（不在地主）。如果以土地數目比較，九龍蒲崗林氏更勝一籌，他們有 32 幅土地，而田下灣薛氏只有 19 幅。

　　DD240L《集體官契》在 1907 年編成，天后宮已經出現在其

2　簡又文：〈南北佛堂訪古記〉，氏編：《宋皇臺紀念集》，香港：宋皇臺紀念
　　集編印委員會，1960 年，第 274－277 頁。

中，屬 Lot No. 92。天后宮的面積共 0.26 英畝，其中 0.12 英畝是廟宇本身，而 0.14 英畝是荒地。業主是「天后廟」，但地址卻是「南頭」（深圳南頭），司理人是陳淖屏，地址同樣是南頭。

正如本書第五章所述，早在嘉慶二十四年（1819），林氏透過十七世祖林憲斌編修族譜，已經聲明宗族對大廟的擁有權。約一百年後，來自林氏二十一世祖林奇山再次編修族譜（現時所見的《九龍竹園莆崗林氏族譜》），重申業權。林奇山與林憲斌都是喬德公的子孫，不過林憲斌是來自竹園的日勝祖一房，而林奇山則是來自蒲崗的日煥祖一房。前已述及，十三世祖喬德公有三子，即日煥、日勝和日登，其中日煥是嫡出，而日勝和日登是庶出。

林奇山，原名林成發，奇山只是他的外號。他生於同治十二年（1873），是長房日煥祖的子孫。根據族譜，日煥亦有三子：魁泰、魁平、魁庸。康熙五十六（1717），魁平帶着日煥祖一房子孫，從竹園遷入蒲崗村居住，這開始了蒲崗林氏一支。

林奇山參與編修族譜，並不出奇，他應是在當時的林氏子孫當中較為富裕的一位。據族譜記載，他的父親華保，是去外國做生意的，晚年自外國返回蒲崗時，帶來了相當可觀的財富，而這筆財富亦使他有能力捐了一個國學生的功名，而華保死時只留下奇山一個兒子。前章已述，林奇山是在 1919 年前編成《林氏族譜》的。

值得注意的是，林奇山在此次重修族譜的過程中，特別強調林道義修建大廟的事蹟。當嘉慶年間林憲斌編修族譜時，對林道義在大廟所做過的事，只是寥寥數句；但在這重修的族譜內，林

奇山所撰述的〈南北二佛堂誌〉中，有關林道義建北佛堂天后廟的故事，卻比以前所寫的來得詳細生動：

> 時我祖扶神過河，過海立廟於北堂也，神聖感靈，大顯慈航，海面生涯，來往不一，上東落西之船，海不揚波，得媽扶持護福，千鐘往來，奉香送油者不可勝數，所以我祖延請各營生紳士等，捐資重修，崇升者，乃我祖之手也，亦時號為大廟北佛堂也。

林奇山甚至能夠指出：

> 我祖立廟時，曾有古諷一首，始末來由，書於石上，刊名林道義之碑也，待於後人有堪覽也。

《林氏族譜》所記述的這些事蹟都難以證實，但經此介紹，林道義的生平比以前的敘述更加詳細，甚至由一個「土人」，一變而成會作詩的文人。[3] 不過，林奇山重寫林道義故事的重點，不是為這位祖先披上文化的外衣，而是在更清晰的強調，大廟是由林道義所建。

筆者在 2011 年訪問了林奇山兒子林嘉祥（1922 年生），他說

3　因為這些敘述，簡又文推想林道義實為「一方富豪，大概出身文士，屬士紳階級而在地方上有體面、有勢力者」。見簡又文：〈南北佛堂訪古記〉，第 289 頁。

林奇山是靠着這本《林氏族譜》爭回大廟的擁有權。根據他的描述，林奇山曾在大嶼山白芒村教書，1929 年被訪者八歲，也跟隨了父親到白芒村讀了三年書，念《三字經》、《千字文》、《成語考》等等。他形容林奇山除了是一名教師外，還是中醫和風水師，有幫人看相和做法事，他還即時取出了林奇山傳留下來的幾本醫書和風水書讓筆者閱看。他説，林奇山平日總是穿着長衫、背着羅庚到處訪查風水寶地。林奇山知道大廟的存在，曾約族人一起去找，但大家都因路途遙遠而不願意，他只好獨自訪尋，而最後終於找到。問題是，該廟正被一名自稱廟祝的歐陽女士佔用，並在廟外山坡（今公廁位置）養了很多豬。林奇山於是拿出《林氏族譜》顯示對大廟的擁有權。但歐陽女士並不屈服，説自己在大廟已經住了幾代，反觀林氏一直沒有對廟宇進行打理云云。林奇山沒法，又請不起律師，於是便親自入稟狀告歐陽女士，最終贏了官司，取回廟宇的擁有權。

筆者沒有任何關於這場官司的文件，不過，根據《土地登記冊》，林奇山的確在 1922 年成為了大廟的新司理人（manager）（之前一直是南頭陳淖屏）。

林奇山重修族譜，最重要的部分，是聲明大廟的擁有權是由蒲崗林氏世代繼承的。當林憲斌在嘉慶二十四年初修族譜的時候，已經強調了林道義擁有大廟，這表示了林道義祖後來發展的三房人（包括蒲崗村的日煥祖、竹園村的日勝和日登祖）都因此繼承了大廟的擁有權，而林憲斌便是來自竹園日登祖。同是強調林道義對大廟的擁有權，林奇山再修族譜，目的卻是把竹園兩房林氏排除在外。他撰述的〈南北二佛堂誌〉，指出祖先曾在大廟的

「西廊」供奉林氏十至十四世祖的祖先神主牌，分別是十世祖述倫、十一世祖乾藝、十二世祖敬廷、十三世祖喬德、十四世祖日煥。這個祭祀的排列，顯然是為着表示日煥祖一房的蒲崗林氏，是向林道義繼承了大廟的擁有權。

林奇山在 1922 年以司理人的身份奪回大廟的控制權，但沒有證據顯示他在大廟的西廊重建了上述的祖先神主牌。據他兒子所言，官司之後，林奇山仍然把廟宇租給歐陽女士，只向她收取每年數元的微薄租金。林奇山也沒有帶過兒子去大廟，而兒子第一次踏足這所廟宇，已經是 1980 年代的事情了。

若大廟的產權對於林奇山來説只是微薄的租金，那他願意在 1938 年將這產權轉讓給華人廟宇委員會便不難理解了。1938 年，林奇山收到華民政務司的中英文函件，反映了雙方協議的內容。該中文信件云：

> 啟者：按照一九二八年華人廟宇則例第七款第二節，本司茲請閣下將坑口第二百四十約第九十二號地段之天后廟割讓與華民政務司。該廟現時閣下為司理人。華人廟宇值理決意于得該廟後，即將其修葺。華人廟宇值理經已答允，每年由該廟入息首先提出五十元與蒲岡村林姓家族。此致
>
> 林奇山先生
>
> 華民政務司那魯麟啟
>
> 一九三八年十月四日

此信有兩點值得留意。首先，華人廟宇委員會除答應修葺大廟外，還每年給予蒲崗林氏（英文信件寫的是 "Lam family of Po Kong"）50 元。[4] 第二點，也是最重要的，該筆款項，不是給予所有林道義子孫的。正如上述信件所云，是交給蒲崗林氏的，亦即是包括林奇山在內的日煥祖子孫。

在經濟日差的 1930 年代末香港，50 元是一筆很不錯的收入。信件對於這筆錢沒有給與一個形容詞（這是很小心的做法），不過在華人廟宇委員會在 1980 年出版的廟宇總錄內，則稱為那是 "allowance"（資助金），目的是 "for the worship of their ancestors"（作為拜祭祖先之用）。該總錄也顯示，allowance 已經增至每年 200 元。[5]

4　　根據華人廟宇委員會的解釋，這是給予蒲崗林氏每年返回大廟作拜祭祖先的資助金。見 *Temple Directory*, p. 88. 筆者相信，每年 50 元，在經濟日差的 1930 年代末香港，是一筆很不錯的收入。

5　　*Temple Directory*, prepared by The Temple Unit, Trust Fund Section, Home Affairs Department, Hong Kong Government, 1980, p. 88.

第 十 一 章

埋葬條例與祖墳

　　華南傳統，人死之後，除非死者親屬立即找到一個風水寶地，這樣便可直接將棺木下葬寶地，但這樣的例子較少。絕大多數的情況是，先將死者下棺埋葬，若干年後死者肉身腐化後，便進行「執骨」，亦即是打開棺木，將死者骨頭取出，然後放到一個陶缸內。一個陶缸一副遺骨，叫做「金塔」。很多時候，親屬會將金塔置放到鄉村附近的山頭，若有一天找到風水寶地，便建立馬蹄形墓地，並將金塔遷入墓穴內。田野中，有村民跟我說過，如放置金塔的山頭附近有其他鄉村，必須先問准人家，少不免還要封個大紅包。

　　進入二十世紀，九龍中部愈來愈市區化，傳統鄉村由金塔而成的祖墳，面臨着兩個挑戰。首先，放置金塔的地方，大多是荒山野嶺，亦即是政府官地；第二，在 1960 年，香港政府通

過公眾衛生及市政事務條例（第 132 章）第 118 條 *Prohibition of unauthorized burials and exhumations*（禁止作未經批准的埋葬或遺骸撿掘），其中列明：

> 任何人在沒有主管當局書面准許下，在並非墳場的地方埋葬人類遺骸、存放載有人類遺骸的甕盎或其他盛器，或散播經火化後的人類遺骸骨灰，即屬犯罪。（中譯）

法例的出現，固然是政府為了改善社區的公共衛生，同時也可解決市區重建過程中遇到的金塔問題。所以第 118 條也列明：

> 埋葬於墳場以外地方的人類遺骸，或存放於墳場以外地方的載有人類遺骸的甕盎或其他盛器，均可由主管當局移走，並埋葬或存放於任何墳場內，或以主管當局認為適當而合乎體統的其他方式予以處置。（中譯）

這條例適合整個香港地區，不過在 1960 年，「主管當局」方面，市區是「華民政務司」（Secretary for Chinese Affairs），而新界（指九龍山脈以北的狹義新界）則是「新界民政署長」（District Commissioner, New Territories）。新九龍屬於市區，所以歸華民政務司管理。

簡單來說，在第 118 條之下，宗族固有的祖墳能否繼續存在，在於能否得到政府的書面批准。在市區急速發展的九龍中

部，宗族是難以獲得這個批准的。

1978 年，民政署在今日黃大仙消防局附近的墳墓旁貼出表格和通告如下：

茲將招人申領之墳墓詳情列左

類別	標誌	坐落地點	結構	備考
墳墓	林氏太婆	九龍黃大仙鳳德道近大佛寺竹園聯合村東一段二十二號 C 木屋旁邊	士敏土六外貌損毁	有拜祭痕跡

民政署公佈

　　查左列表格所載之墳墓，其坐落地點，皆在政府認可墳場範圍之外，現根據一九六零年公眾衛生及市政事務條例第一一八條第四款（四）之規定，擬將該等墳場及金塔內之骨殖遷出。仰該等墳場之有關人士，由公佈之日起，七天之內，向本署申認。如屆時不見面來辦理申認手續，本署將咨詢市政事務署，將遷葬於沙嶺墳場，特次公告。

民政司李福述
一九七八年六月二十六日

　　可見，在 1960 年後，第 118 條一直沿用，所改變的只是「主管當局」由華民政務司轉為民政署（City District Office）。事緣六七暴動後，港府覺得有需要加強民意的搜集，於是在 1968 年 5 月仿效新界理民府（District Office）制度。因為這個改革，市區開

始建立民政署。故此，1978 年這份通告便是由民政署發出的。

　　有趣的是，這個被民政署標誌為「林氏太婆」墓，卻是蒲崗竹園兩村林氏宗族的祖墳。在清朝初年開始，林氏已經定居竹園和蒲崗兩村。他們還未編修族譜，兩村的林氏是依靠拜祭一個叫做林喬德的開基祖墳墓來維繫。林喬德有兩個夫人（就是兩位林氏太婆），分別繁衍了蒲崗和竹園二村的林氏子孫，其中長房居於蒲崗，而二、三房則居於竹園。雖然是分村而居，每年的重陽，三房子孫都會走在一起共同拜祭這位開基祖（參閱本書第五章內的「竹園蒲崗林氏」）。

　　據林氏族譜，嘉慶二十年（1815），在蒲崗村長房族人林習大的領導下，三房決定將喬德公起骨重葬。不過，過程並不太順利，起骨之時，林氏發現他們一直以來的祖先墳墓原來只有喬德公的兩位夫人周氏和劉氏，並沒有喬德公本人！林氏為了確立對喬德公的祭祀，最後還由林習大於建修之日，以一個小黃塔，上刻喬德林公名號，與周劉二祖妣之金骸合為一穴埋葬。

　　為了重建更早的世系，林習大與林氏族人又嘗試尋找喬德公的父祖輩的墳墓。結果只能找到他們的夫人（十一世祖林乾藝夫人吳氏、十二世祖林敬廷夫人屈氏）的金塔，於是林習大便將這兩位林氏太婆的金骸，置於喬德公墓的左面和右面，林氏族人稱為「眼鏡穴」。

　　這個被民政署標籤為「林氏太婆」的墳墓，是屬於林氏宗族的。林氏是九龍中部的強大宗族，但在 1940 至 1950 年代因為啟德機場的擴建和公共屋邨的發展，蒲崗和竹園兩村都被拆了，原有族人各散東西，他們只能在每年重陽返回原居地拜祭祖墳，

利用這個機會維繫族人和祖先之間，和族人和族人之間的情感關係。但 1978 年民政署的遷墳通告，對林氏宗族的維持是一項挑戰。

據筆者的經驗，在遷墳的事情上，大多數村民都是相當理性的。只要政府願意賠償，他們也樂於另覓地方重置祖墳。所以當林氏面對遷墳要求的時候，便正式致函該署懇請保留，但倘若政府必須移動祖先墓地，林氏要求賠償費用 132,500 元，當中包括請喃嘸風水先生 4,000 元，回鄉讓地 15,000 元，搬遷費 1,500 元，建墳工料運費 100,000 元，並完工拜祭、燒豬及祭禮 12,000 元。

民政署是否為賠償金作出妥協，筆者沒有資料。不過，林氏祖墳的確在 1980 年代遷走了。一位林氏村民（1947 年生）告知筆者，遷墳在 1982 － 1986 年間分了三期進行。

有趣的是，林氏只是將喬德公和兩位夫人，以及兩位太婆（吳氏和屈氏）的金塔，向西遷移到 450 米左右的另一個林氏祖墳內。竹園一帶的地勢是東面海西面山，所以這個遷墳是往山區遷移。當地原有的墳墓，正是吳氏屈氏兩位太婆丈夫（十一世祖乾藝公和十二世祖敬廷公）的合墓。墓碑下款書上「三大房同立」，亦即是十四世祖日煥、日勝和日登三房共同建立。立碑的日期是民國廿四年（1935），但註明是「重修」。見圖 11.1、圖 11.2 和圖 11.3。

圖 11.1　SD1 NKIL 5282 原有的林氏墳墓（詳情見圖 11.2）。它的右上角是
　　　　　1980 年代遷葬到來的林氏開基祖喬德公墓（詳情見圖 11.3）。
　　　　　2001 年攝。

圖 11.2　乾藝敬廷二祖合墓。2010 年攝。

圖 11.3　開基祖喬德公墓。2001 年攝。

　　問題又來了，這個林氏墓園明顯也是干犯了公眾衛生及市政事務條例的第 118 條，那麼為什麼在 1980 年代初還能夠保存下來，還讓它得以接納喬德公和兩位太婆的金塔？故事是這樣的。

　　其實乾藝敬廷二公的合墓收到搬遷通知，還要早於喬德公。早在 1967 年，俗稱「寮仔部」的寮屋管制組，已經通知祖墳的管理人，須將山墳遷往別處。為此，林氏致函華民政務司懇請保留。

　　祖墳最後沒有被迫遷，在現存的文獻中沒有直接的答案，筆者認為，主要原因是政府在 1970 年把這祖墳周圍劃入了 NKIL No. 5282 的地段裏面，而這地段是政府批給嗇色園發展黃大仙祠之用。5282 仍是屬於政府的，而嗇色園則有整個地段的使用和管理權。經此設計，林氏祖墳便被歸入嗇色園的管理裏面。至於整個地段的監管事宜，政府則交由華人廟宇委員會負責（圖 11.4）。

　　將林氏祖墳置於嗇色園管理的範圍之內，無疑是以一個宗教團體去管理一個屬於宗族的墳墓，這是有潛在的利益衝突的。

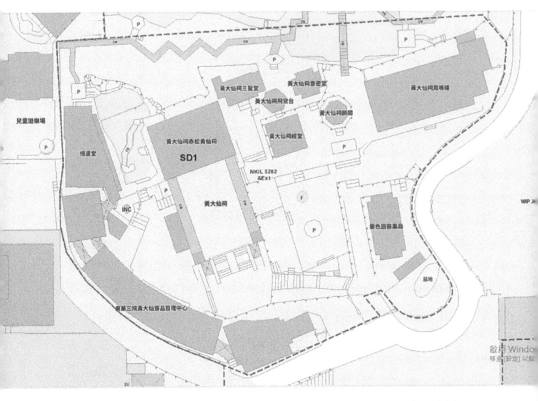

圖 11.4　SD1 NKIL 5282 有黃大仙祠和林氏祖墳（相關地段右下角）。資料
來自「地理資訊地圖」網站，2023 年 10 月 28 日瀏覽。

從 1970 年往後的四十年，嗇色園和林氏的關係還算良好，但到了 2010 年前後，雙方終於就着墓園內的土地使用問題上爆發了衝突。2010 年 3 月，積怨已久的林氏宗族向傳媒發新聞稿，埋怨嗇色園早年在祖墳之後方建造廁所，導致污水滲入泥土，嚴重破壞祖墓的風水龍脈；近在祖墳範圍內僭建鐵皮屋，並放置鐵架等雜物；又以磚牆封閉部分入口通道，再用塑膠布料遮閉着大門通風口，有辱先人等等。嗇色園亦不甘示弱，當年 11 月 12 日它也發了新聞稿，內容主要是翻舊賬，指出林氏祖墳的存在，本身就是違反公眾衛生及市政條例第 118 條云云。事件鬧得沸騰，傳媒爭相報道，而多個政府部門（包括特首）均被要求協助。

雙方爭持多月之後，華人廟宇委員會最後通過了決定，由 2011 年 1 月 6 日起，它從嗇色園收回座落於 NKIL No.5282 號地段內之林氏墓及其旁邊土地範圍的使用權和管理權。這意味華人廟宇委員會將直接管理林氏墓園。同年 10 月，一位林氏村民告訴我，以前進入墓園祭祖，須事先向嗇色園申請，現在改為向華人廟宇委員會申請。無論如何，事件也終於告一段落（今日的林氏墓園，見圖 11.5）。

圖 11.5　目前的林氏宗族墓園。2023 年攝。

第 十 二 章

祖堂司理人

「祖嘗」也稱「祀田」、「嘗產」或「蒸嘗」。宗族建立祖嘗的目的，就是為了準備每年拜祭祖先的費用。

竹園蒲崗林氏在嘉慶二十年（1815）重修開基祖林喬德的墳墓，並在這個過程中，建立了拜祭喬德公的祖嘗。林氏族譜在緊接於修墓後，有如下的記載：

> 祖分日煥、日勝、日登三房，遺有祀田土名門前壟，又土名企份，共食實種五斗，載色米壹升七合，隨輪耕者辦納米，在長房的名內。如遇大役，三房均當臨期，毋得混捱現年。

意思是，喬德公的三個兒子（林日煥、林日勝、林日登），分

列三房，他們共同擁有祖先留下的田地一塊。他們透過這塊田地的租金收益，作為日後拜祭這位開基祖之用。雖然這塊田地在縣衙門是登記在長房的名內，但彼此協約稅務責任（每年壹升七合的稻米），需由「隨輪耕者辦納」。如果遇到國家突然因某些事情而增加稅項，則由三房共同承擔。

文中「實種五斗」，「斗」是「斗種」，是每畝稻田所需要投放的種子，因此「五斗」便是五畝土地。「升」、「合」是容量單位，十合為一升、十升為一斗、十斗為一石，而一石的稻米容量相當於今日 133.3 磅的重量，所以「壹升七合」約等於 2.3 磅稻米。

表面看來，林氏是以米糧交稅。其實不然，清朝的農民基本上都是交白銀稅的，但由於白銀稅是由糧食稅項折算而來的，所以有時候稅項登記還是寫上原額。

「隨輪耕者辦納」，顯示了日煥、日勝、日登三房子孫是輪流管理這塊祀田。每一年，其中一房人會去收取祀田的租金，而後籌辦當年的祭祖活動。

五畝面積祀田的稅項只是 2.3 磅白米，看來祀田不算大。但無論如何，林氏建立了拜祭開基祖的祖嘗，以三房人組織的宗族也由此開始。宗族的開始，是建基於祖先的祭祀，而祭祀的開始，則是祖嘗的建立。

隨着時間的轉變，宗族的結構也會隨之出現變化。

在英國人租借新界時，林氏以林道祖名義已經登記了一幅面積相當大（1.65 英畝）的農地 SD1 Lot No. 1645。按照《新界條例》，當一塊土地不是以在生的人登記，需要任命至少一名司理人（英文一般稱作 trustee 或 manager）作為土地文件的簽署人，這就

是所謂祖堂登記。於是，新界的大族紛紛將原來已存在或新近成立的祖嘗，在理民府進行祖堂登記。值得注意的是，祖堂的司理人雖然權力極大，但不等於他必然是祖嘗的受益人。司理人只是一個信託者或者經理，法律上可以純粹由外人擔任，不過一般很少這樣做。在《集體官契》裏面，地段編號 1645 的司理人只得一個，名叫 Lam Lin Shau。

林道祖是地段編號 1645 的註冊祖堂，換句話說，林道祖的持份者就是這個地段的真實得益人。筆者在 2011 年向林氏村民做過一些訪談，一位村民（1950 年生）告知，所謂林道祖就是林道義祖。如此的話，林道祖包括了竹園和蒲崗林氏三房（日煥、日勝、日登）子孫。

到了 1937 年，林道祖多增了同區一塊土地—— SD1 Lot No. 7188。《集體官契》顯示，在英國政府租借新界的時候，這塊土地最初由 Lam Shu Hing 持有，佔地 0.06 英畝，其中 0.04 英畝屬農地，0.02 英畝屬屋地。據《土地登記冊》和《註冊摘要》，這塊地在 1937 年由業權人林容德以 240 元售賣予林道祖（見圖 12.1）。

在不同的訪談中，村民均指出出賣 7188 的林容德，雖然也是姓林，卻不是林氏宗族的一份子。這次轉讓，價錢非常便宜，基本上是「半賣半送」，目的是「賣地以求入籍」於林氏宗族。雖然宗族表面上是讓林容德參與祭祖活動，但族譜仍然沒有把他和他的家庭加進去。這個家庭被稱為「過江祖」後人。筆者覺得「過江祖」這個詞略帶貶義，據村民說，它的意思就是不是本族的，可以參加祭祖，但沒有權益，包括不能得到從祖嘗而來的利益。

當林道祖購買 7188 時，它的司理人增至三名，分別是林桃、

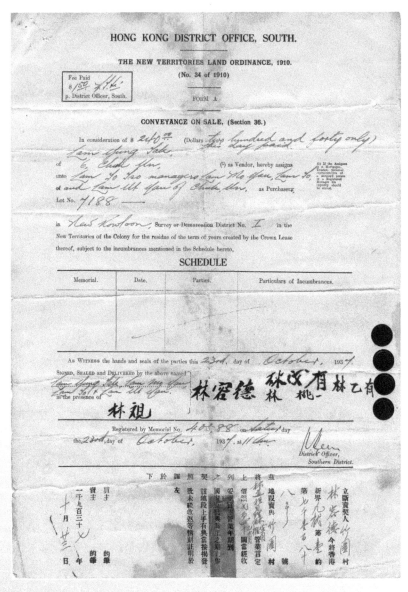

圖 12.1　1937 年售賣轉易契（Conveyance on Sale），相關地段是 SDL Lot No.
　　　　7188，售價 240 元，出售人是林容德，而承買人則是林道祖。這
　　　　個祖堂的司理人有三人，分別是林桃、林戊有和林乙有。（林庚
　　　　長先生所藏契約文書）

林戊有和林乙有。據村民（1922 年生）告知，林桃屬於竹園村日勝祖子孫，而林戊有和林乙有分別屬於蒲崗村日煥祖的魁泰和魁平兩房。

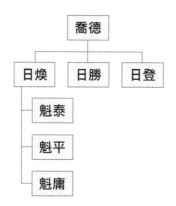

這個轉變，反映喬德以下三房的勢力消長，日煥祖最強，其次是日勝，至於日登一房，勢力已經消減至不能委出司理人。至於日煥祖，則是由魁泰和魁平兩支主導。林道祖在 1948 年改換司理，由林桃和林壬發，即是說仍然是日勝祖（林桃）和日煥祖（林壬發）主持，兩房平均。圖 12.2 是林道祖在 1949 年納糧執照，顯示該祖堂仍然擁有兩個地段，當時的司理人是「林壬發等」，亦即是不止一人。

《新界條例》規定，若司理人去世，祖堂負責人須告知理民府，並選舉和更新司理人名單。進入 1950 年代，首先是林桃去世，然後是政府清拆竹園村，定居竹園的日勝一房村民本來已經不多，遷拆鄉村後更是普遍離開了原居地，而且多不再與故舊鄉里保持聯絡。林道祖的司理，只好變成了蒲崗日煥祖下魁泰和魁平的兩房人負責。《土地登記冊》反映，1951 年，林道祖申請除去

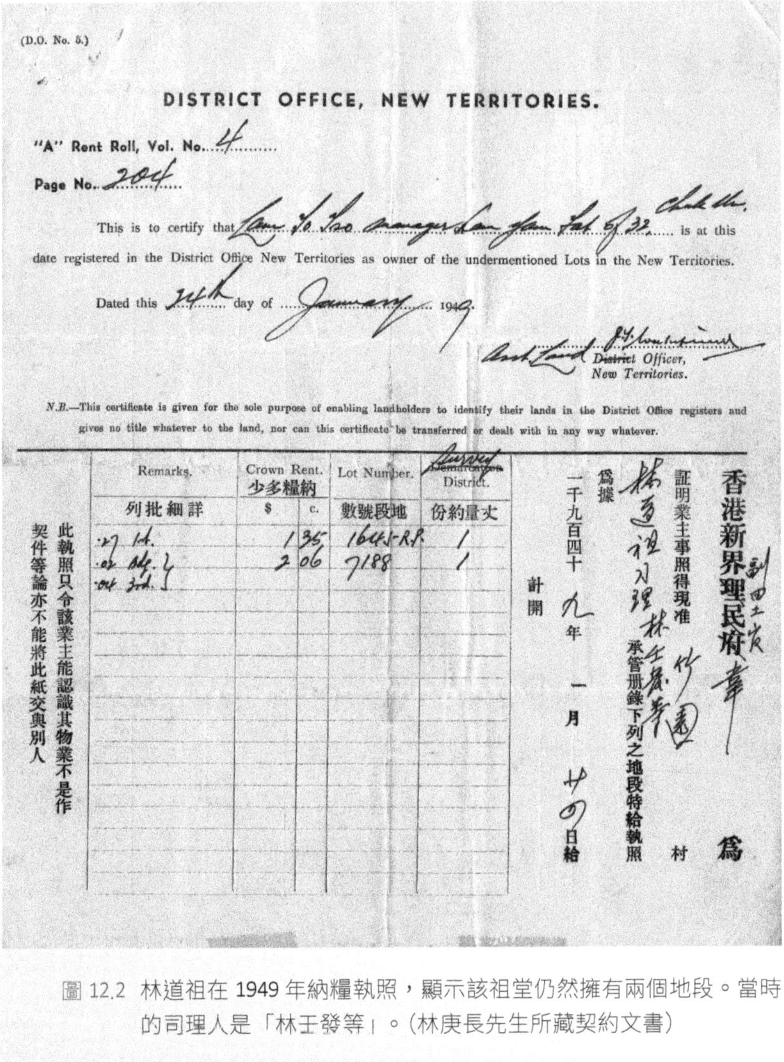
(D.O. No. 5.)

DISTRICT OFFICE, NEW TERRITORIES.

"A" Rent Roll, Vol. No. 4

Page No. 204

This is to certify that Lam To Tso manager Lam Yam Fat & 32 Chuk Un is at this date registered in the District Office New Territories as owner of the undermentioned Lots in the New Territories.

Dated this 24th day of January 1949.

Asst. Land ~~District~~ Officer,
New Territories.

N.B.—This certificate is given for the sole purpose of enabling landholders to identify their lands in the District Office registers and gives no title whatever to the land, nor can this certificate be transferred or dealt with in any way whatever.

Remarks. 詳細批列	Crown Rent. 納糧多少 $	c.	Lot Number. 地段號數	~~Demarcation~~ Survey District. 丈量約份
.27 1st.	1	35	1645-R.P.	1
.02 Bldg.	2	06	7188	1
.04 3rd.				

香港新界理民府 副田土官 為
證明業主事照得現准 竹園 村
林道祖司理林壬發等承管冊錄下列之地段特給執照
為據
一千九百四十九年一月廿四日給
計開

此執照只令該業主能認識其物業不是作契件等論亦不能將此紙交與別人

圖 12.2 林道祖在 1949 年納糧執照，顯示該祖堂仍然擁有兩個地段。當時的司理人是「林壬發等」。（林庚長先生所藏契約文書）

林桃的司理人職務。於是，林壬發成為了林道祖的單一司理人。可以說，林道祖的管理，完全落在日煥祖的子孫上。

對政府官員來說，司理人的產生，是按照該村的規條或者習俗，否則最好得到全體成員的一致同意。在實際上，這是頗為困難的，本地村落少有相關的明文規條，而且族人散居全球，單是把他們全部找出來已經不大可能，還要全體同意，實屬艱難。所以在執行上，宗族內多只尋求每一房的負責人聲明同意，而最重要的是沒有任何一個族兄弟反對，便去進行司理人的替換，而且多可以成功。在筆者的田野經驗中，司理人的任命，必須能夠平衡各房的利益，否則爭吵無日無之，甚至會訴諸法庭。

林壬發大約在 1966 年去世，林氏普遍希望魁泰祖和魁平祖各派一個司理人負責祖堂事宜，結果選定了林國強（林壬發兒子，魁泰）和林金（魁平）。不過到 1975 年，他們才正式向理民府更新司理人名冊。這顯示林氏宗族對於更新司理人名冊並不熱衷。事實上，林金在多年前已經過身，但即使到今天，由於沒有更新資料，在林道祖的登記冊內，林金仍然與林國強是法定的司理人。

規矩是，任何改變產業的登記，必須得到所有司理人簽名作實。但如果沒有改變產業的需要，村民多不熱衷註冊司理人的更新。上段顯示，一個司理人早已過身，另一個司理人林國強，今年（2023 年）也應達八十八歲，難以籌備拜山事宜。

林氏宗族（即使現已縮小至蒲崗林氏）仍然有重陽祭祖活動（圖 12.3）。這表示林氏宗族的領導和運作方式，已經跳過政府的祖堂司理人制度。亦即是說，林道祖已經創立自己的一套運作模式。在 2011 年的訪談中，筆者發現，林道祖的決策，由三個相對

圖 12.3　林氏曾經有幾個祖堂，但近年只餘林道義祖（即林道祖）。故此
　　　　　林道祖資助了竹園蒲崗林氏的一切祖先祭祀活動，包括這位於黃
　　　　　大仙祠旁的乾藝敬廷二祖合墓。2011 年重陽攝。

年輕族人組成。三人的分工清楚，一個負責對外、一個負責電腦文書，另一個負責工程裝修。他們沒有特別的名稱，由於不是正式的司理人，有時只作辦事人稱呼。三個辦事人都來自魁泰祖。我曾經問為什麼魁平祖沒派人當司理，答案是魁平祖族人相對富裕，多移民外國了，對於魁泰祖處理祭祖事宜，他們沒有意見。筆者訪問了魁平祖一位村民，他已經移民，剛好回來香港，而他的答案也是一樣。

　　不過名不正則言不順，辦事人無論多能幹，始終不是法定的業權簽名人。兩套制度同時運作，難免出現猜疑，這正是筆者在2011 年察覺到的事情。

第 十 三 章

太公分豬肉

英國政府租借新界所實行的土地政策，並沒有改變傳統華人以祖堂控產的習慣。因而在二十世紀初，不少新九龍的土地，仍然屬於某姓氏祖先的產業。拜祭太公的回報，就是享用太公留下來的祖嘗，也即所謂「拜太公、吃太公」。既然生活有賴太公的提供，平日生活便離不開與祖先的溝通。

子孫與祖先的相處，簡單來說是基於「報」的思想。「報」是雙方面的行為模式，子孫耕作祖先留下來的祀田，或者享用由出租祀田而來的種種收益後，便有責任向祖先作出回報。這些回報，包括祠堂每日的香火，以及重陽的祭祀活動，讓太公可以在另一個世界，仍然持續地得到在生子孫的物質供應。

登記祖先祀田的祖堂，活像一所股份公司，「公司股東」便是該位被拜祭祖先的男性後裔，而每年拜太公的時候，就是公司「派

息」。一般來說，在祠堂或墳頭拜完祖先後，族人便吃一頓飯，整筆費用在祀田的收入內支付。若祖嘗豐厚，那麼還可以進行「太公分豬肉」，亦即每一個在祖嘗內「有份」的男丁，均可以得到豬肉。我們必須明白，在傳統社會，農村是很難吃到肉的。在新界（包括新九龍）的許多鄉村，很多時候出現一戶人家同時屬於幾個不同的祖堂，包括全族的開基祖，以及本身房系的祖先，每年的收入便相當不錯。

　　祖堂只是具有股份公司的某些內容，嚴格上來說，它與股份公司有着很不同的性質。首先，祖堂有着強烈的排他性，「持份者」必須是某房系的子孫，外姓人和同姓的他房人是絕對不能染指的。其次，股份是傳承的，只要某戶人家生了男孩，這家人便立即多了一份「股份」，直至該男孩壽命完結而結束。既然股份是傳承的，便不能進行轉讓，也自然不能在市場買賣了。其三，既然祖堂的組成存在強烈的排他性，那麼它的管理便不能做到股份公司所要求分開擁有權和管理權，也自然不會對帳目進行獨立核數了。

一、衙前圍吳氏

　　正如許多新界鄉村一樣，衙前圍村吳氏只重視重陽祭祖，不做清明。一位吳氏村民（1914 年生）在 1982 年試圖向研究人員提出一個解釋，「以前耕田，春耕忙，沒有時間，所以少拜清明。重陽於秋天收割後，所以拜太公」。其實，吳氏的習慣是，清明是家庭內的祭祀，通常拜祭自己一家一戶的祖先，至於重陽，是整個

宗族聯合一起上山拜祭遠祖的時候。值理是掌握某祖先嘗產的族
人，上墳拜太公的諸項費用便由他完全負責，至於其他各房則是
到場拜祭。參加者一同拜了太公後，便在墳前大吃一頓，俗稱「吃
山頭」，這些費用也是由值理支付的。

　　由於祭祖具有此等運作模式，故此每一個屬於宗族的祖墳，
背後都應有一個支持其運作的祀田，以及打理祀田的值理。吳氏
因為祀田特多，並且分散在不同的世系上，因此在二十世紀初九
龍中部芸芸宗族的重陽祭祖活動中，衙前圍村吳氏的規模算是數
一數二的。表 13.1 的內容是根據 1982 年的訪問所得，由於到了那
年，一些房系已經遷離衙前圍，無從訪問，因此資料仍然是不完
整的。

拜山日期	拜祭對象	葬山（據 1918 年族譜）	應上墳子孫
九月初五	仕高祖太婆（十九世）	獅子山麓土名水塱仔	仕高祖子孫
九月初六	德高祖（十九世）	白鶴嶺	德高祖子孫
九月初七	廷鳳祖（十六世） 仕高祖（十九世）	獅子山後勝華公墓左山中 深水埗後山土名大窩	廷鳳祖子孫 仕高祖子孫
九月初八	勝華祖（十七世） 進華祖（十七世） 位榮祖（十八世）	獅子山背土名望郎窩 九龍籐朗即今牛房之山上 九龍城右營後土名營琴埔	勝華祖子孫 進華祖子孫 位榮祖子孫
九月初九	成達祖（九世）	九龍沙田頭	所有子孫
九月初十	日玄祖（十一世）	大飛鵝元嶺村前土名白田埔	日玄祖子孫

表 13.1 吳氏重陽祭祖日程

　　從上表可見，衙前圍吳氏的重陽祭祖，不是一天舉行。吳氏
將重九（農曆九月初九）正日那天，留給了開基祖吳成達，所有
衙前圍男性子孫都應參加這一天的祭祀。至於其他日子，則是各
房子孫自己進行，從九月初五開始，直至九月初十才結束。不過

據 1920 年嫁入衙前圍的吳楊氏，九月初一至九月十一都是拜山的日子，每日都有吃山頭。大概由於當時拜山不准婦女參加，她除了記得初十拜日玄祖外，其他已經忘記。

從上表也可以發現，衙前圍吳氏成員只有重九這一天是全體集合的，其他日子則是分房祭祀，例如九月初七，廷鳳祖的兩房子孫勝華和進華前往獅子山後進行祭祀，但到了翌日九月初八，勝華祖和進華祖子孫便分開，去不同的地點拜山。

吃山頭後，值理會為太公分發豬肉。初九正日拜始祖成達祖，1982 年的村民仍然記得戰前太公分豬肉的規則是：凡男丁皆有豬肉分，六十歲以下一份，六十歲或以上兩份，到達七十歲四份，到達八十歲八份，到達九十歲十六份，每份一斤。可見非常優厚。

吳氏六大房中，以日玄祖才是最有錢。因此到九月初十拜祭日玄祖的時候，墳頭往往難以容納眾多參與者，於是在某一年開始，子孫改在當天於吳氏宗祠進行拜祭日玄祖、進食和分豬肉。

二、竹園蒲崗林氏

筆者在 2011 年對五位林氏村民進行了單獨訪問，最年輕的是六十一歲（1950 年生），年紀最大的是八十九歲。

訪問中顯示，在戰前，蒲崗林氏的祭祖至少分兩天舉行，第一天是重陽正日（農曆九月九日），也是最重要的行程。

拜山日期	拜祭對象	葬山	祖墳狀態
第一站	十一世祖太婆吳氏 十二世祖太婆屈氏 十三世祖喬德公	大佛寺（今鳳德公園）旁	遷至乾藝敬廷二公墓側
第二站	林氏兩位太婆（金塔） 三世祖林道義祖	今慈雲山邨配水庫附近慈雲山山腰龍船石	已拆 遷至觀音山
第三站	十一世祖乾藝公 十二世祖敬廷公	今黃大仙祠側	仍存

表 13.2　林氏重陽祭祖行程

　　當年八十九歲的老人家是蒲崗村人，他還記得戰前的拜山過程。蒲崗村林氏先在村內集合，全程走路，先去第一站拜喬德公，然後去第二站拜兩位太婆。老先生已經忘記這兩位太婆是誰，但強調都是林氏。拜完之後便在旁邊吃山頭。選擇這裏吃山頭，原因是地勢比較平坦，可以容納百多人一起吃山頭（當時拜山的村民有一百至二百人之多）。很少婦女參加（外嫁女不准參與），但吃山頭的食物都是她們事前準備和煮熟的，再由男性村民抬上山，拜完太婆後便一起享用。吃完山頭時已經是下午，子孫便爬上前面半山的一堆巨山（村民稱為龍船石）旁拜祭林道義的祖墳。按照習慣，若族人在去年添丁，須準備豬肉（也是事先煮熟的）拜林道義祖，然後在墳頭切開豬頭分給族人食用（據另一村民解釋，這是給祖先報喜，報喜完畢新生男丁才算是家族成員）。完畢後便折返山下拜乾藝公和敬廷公，這是第三站。老人家強調，第一站和第二站都是蒲崗林氏（亦即是日煥祖）子孫參加，到了第三站，竹園林氏（日勝祖、日登祖）也會到來，然後三房人一起拜祭乾藝公和敬廷公。被訪者強調這兩房竹園林氏會在這裏吃自己帶來的食物，當三房人拜祭完畢，便各自離開，而首日

祭祖活動亦告結束。

第二天是拜祭自己房祖先，以老人家所屬的魁泰祖為例，魁泰祖葬在舊調景嶺警署上面山坡。由於山墳距離蒲崗很遠，這一房人需要在早上 6 時出發，東行到井欄樹村（坐落今清水灣道），然後往東南方向沿着山邊，一直走到調景嶺，到祖墳的時候已經接近正午。拜完魁泰祖後，再又行到馬游堂安達臣道拜祭達昌公和大昌公（魁泰祖以下兩房），都也拜完後，便在附近吃山頭。吃完後返村，回到家的時候已經是下午 4 至 5 時。

拜山分豬肉和分錢是和平後的事情。一位村民記得第一天拜林道義祖後，每戶有「房頭錢」，男丁結了婚才算一房，分到燒肉一斤或一斤半（村民不大肯定）、利是 10 元，另每個男丁獲給利是 5 元。另一村民認為，在 1950 年代，這是很不錯的收入。

2011 年，筆者考察了林氏的重陽祭祀活動。那個時候，無論蒲崗和竹園兩個舊村已不存在，原有的村民及後人都是分散在香港不同地區居住。另一個改變是在這幾十年裏面，因為政府收地進行市區重建，林氏祖墳經歷很大的改變，屬於第一站喬德公和兩位太婆的墓，已經搬到第三站的乾藝敬廷二公墓旁，屬於第二站林氏兩位太婆的金塔已經拆毀，骨殖不知所蹤；至於林道義墓，也被政府逼遷後再向山後遷移到了觀音山腰。在這些影響下，林氏的首日祭祖活動由三個站減為兩個站。

筆者所見，重陽正日那一天的早上，林氏子孫在黃大仙祠旁的林氏墓園內集合。人數不多，但都是一家大小，已經再沒分男丁女丁或出嫁女了。林氏先以燒豬、熟雞和水果等祭品，拜祭了在這裏的諸位太公、太婆，然後便請燒臘師傅在現場切燒豬。師

傅把燒豬切割成同等重量的條狀燒肉，在旁協助的村民即以膠袋分別盛載，按照名單分給到來上墳的林氏子孫方便帶走。燒臘師傅亦將小部分的燒肉切成小塊小塊的，讓林氏族人（不分男女老幼）即時享用，看來這就是這個年頭的太公分豬肉和吃山頭活動。

　　第二站仍然是去位於觀音山的林道義墓（見圖 13.1 和圖 13.2）。由於路途比較辛苦，年老者多不能參加。當日一眾族人乘坐旅遊巴到觀音山，在某段公路下車後，便徒步落山。那是一條由某個族人在一星期前以鐮刀開闢的臨時小山徑，所以很不好走，容易滑倒。大概走了半小時後，終於到達林道義祖墓。林氏族人拜祭後，便回到剛才的公路上車，到黃大仙區內的某間酒樓進行午膳，全日祭祀活動也告結束。

圖 13.1　林氏建於觀音山的三世祖林道義祖墳（墓碑內容見圖 13.2），
　　　　　2011 年攝。

圖 13.2　林道義祖墳墓碑上列有其他世系祖先，像一個祠堂
　　　　的縮影，可見林道義祖的重要性。2011 年攝。

第 十 四 章

吳成達祖的最後家當

　　英國租借新界的時候，衙前圍吳氏在九龍中部登記了超過一百幅的土地，其中以九龍開基祖吳成達登記的便有九幅，內八幅是單獨登記，共 0.64 英畝，一幅（0.01 英畝）則是與陳氏祖堂和李氏祖堂聯合持有，那是圍內天后宮旁的眾所。

地段	業權人	土地用途	面積（英畝）	業權結束日期
1680	吳成達祖	農地	0.01	1957 年，政府收回
1972	吳成達祖	農地	0.12	1940 年，售予私人
5223	吳成達祖	屋地	0.02	資料不詳，估計已經轉讓
5339	吳成達祖	農地	0.01	1945 年，政府收回
5341	吳成達祖	農地	0.24	1945 年，政府收回
5524	吳成達祖	農地	0.01	1952 年，政府收回
5604	吳成達祖	農地 屋地	0.06 0.15	1962 年，交換 Lot 7434 和 7435

(續上表)

地段	業權人	土地用途	面積（英畝）	業權結束日期
5631	吳成達祖	農地	0.02	1961 年，政府收回
5975	吳成達祖 陳朝賢祖 李成規祖	屋地	0.01	2011 年，政府收回

表 14.1　吳成達祖登記的土地

　　從上表可見，吳成達祖有一幅地段編號 5223 的屋地，雖然在土地註冊處的記錄上仍然是吳成達祖所擁有，但在目前的地圖上卻沒有這個地段，意味這個地段可能在某個年份已經被註銷，原因不明。

　　如果不算 5223 的話，吳成達祖第一塊出讓的土地，便是 Lot No. 1972。從土地註冊顯示，吳成達祖在 1939 年 12 月改換司理人，新的司理人是 Ng Ting Fu 和 Ng Shing Tat，應就是為出售這塊土地而需要在田土廳更新資料。根據土地轉讓資料，買家是一個姓衛（Wai Kwok Lun）的人，但當他得到此地段，同年便將此地與政府交換了新九龍的另一塊地（New Kowloon Inland Lot No. 2817）。

　　新界祖堂登記需要任命司理人，那是香港政府的規定。這些註冊司理人，並不一定與日常管理祖嘗的司理人相同。我們必須明白，宗族以某個或數個族人去管理祖嘗（收租和拜山），是明清以來的習慣。據口述歷史，在戰前，日常管理吳成達祖祀田的司理人（不是註冊司理）只有一人。吳世明先生（約 1924 年生）在《香港記憶》於 2012 年的訪問中表示，戰前吳成達祖只有一位司理。這個司理全權決定批地出租之事，並保管嘗產記錄和收租簿。當時這一帶開設許多工廠，例如醬園、毛巾廠、牛皮廠等

等，不少就是建在吳氏的祀田上。批租期一般是 10 年，批給誰，收多少租金，全由司理一人決定，是一個肥缺。每年正月初七，吳氏長輩都在祠堂齊集，討論嘗產事宜。但開會時一定吵架，甚至打架，而且多數是老人家，後生的都不敢出聲。當時大家爭着做司理，但不少吳氏祖田卻廉價被租了出去。[1] 即是說，雖然在政府的土地登記中，吳成達祖在戰前有兩個司理，但那只是註冊名單。祖嘗可以帶來真正的好處是日常的運作，而處理這日常運作的只有一個司理人。

　　港府要求司理人登記，只是將華人傳統的習慣制度化而已。問題是，一旦將習慣制度化，政府冊籍未必能夠反映現實。對絕大部分的村民來說，司理人去世，當然會找一個新的司理人，以維持宗族嘗產的營運。但非不得已（如要簽名出售祀田），誰會花大量的精神和時間去收集舊司理人的死亡證，以及族人對新司理人的同意書，再帶去理民府更新司理人名單？

　　更新註冊司理人的普遍理由是簽字賣地。在《土地登記冊》內，吳成達祖在 1906 年、1910 年、1916 年、1923 年、1929 年、1933 年、1939 年、1941 年、1961 年都進行了司理人名單更新。筆者相信，每一次更新，背後都是為了處理祀田的產權問題。亦因如此，即年的註冊司理名單，是族內商議的結果。從資料上看，吳成達祖並沒有固定註冊司理人的人數，1906 年一人、1910 年一人、1916 年一人、1923 年七人、1929 年七人、1933 年五人、1939

1　《香港記憶》網站，吳世明訪問，2012 年。

年二人、1941 年五人，從 1961 年起便固定在四人。

　　從前表顯示，從 1940 至 1960 年這二十年間，吳成達祖先後賣出了地段編號 5339、5341、5524 和 1680 諸個地段。所以當吳成達祖在 1961 年把地段編號 5631 也賣掉，這個吳氏開基祖只剩下吳氏宗祠這個家當。

　　祠堂坐落地段編號 5604，面積相當大。衙前圍內的房屋，在登記上一般是 0.01 英畝，俗稱 1 分地，但宗祠總面積是 0.21 英畝，相當於 21 間房子。吳氏宗祠採兩進式設計，由於所佔的面積廣，它開有義學。早期的義學，服務對象主要是吳氏子孫。吳世明先生曾經入讀這所義學，他在 1982 年受訪時，仍然記得在 10 歲的 1930 年代，學校教授中文、現代常識、歷史和公文。義學的經費由吳成達祖的祀田收入去作支持，因此吳成達的所有子孫在宗祠讀書只須繳交些少學費。到了 1940 年代，吳渭池當了校長，他革新了課程，以「吳族學校」向政府申請註冊，再向當時香港的左派大專院校請來三男一女共四名教員，「改用了正氣的課本，改變了教育的方針」。除了日間小學，夜間還開辦青年國語進修班。新改革吸引了許多非吳族的學生到來讀書，當時日夜校學生加起來竟達二百多人。1941 年 12 月香港淪陷，祠堂學校因此一度關閉，重光後復辦，改名愛群學校，在祠堂旁邊建有獨立校舍。

　　祠堂地不能賣，但吳氏要面對的是由市區重建而出現的祠堂水浸問題。事緣在 1950 年代末，政府在這一帶收地，然後建設了大型公共屋邨（東頭邨），逐漸地，吳氏宗祠被這些屋邨大廈包圍着。這本來不是什麼問題，問題是政府在建設這些公屋的時候，將地基加高。於是，在這設計下，每逢大雨，祠堂必定水浸。為

此吳渭池鄉長曾多次向華民政務司反映，但事已至此，政府無計可施，唯一辦法便是政府把這個地段也收下來，在附近撥出一個地方，讓吳氏重建祠堂。

1961 年祠堂搬遷賠償在即，吳成達祖需要更新註冊司理名單，在理民府內的吳成達祖司理名單，對上一次是 1941 年，註冊司理人共有五人。過了二十年，有四人已經去世，吳氏要向政府交出新的名單。據吳渭池晚年的自述，在這個時候，他花了很大氣力說服了族人，確立了四房司理的制度，亦即是由吳成達祖以下的四房（廣玄、東玄、泰玄和日玄）各派一個代表擔任作為該房司理。[2] 1961 年 3 月 17 日，四房司理在理民府進行登記。

四房司理與政府達成協議，吳成達祖在 1962 年 2 月 13 日正式將地段編號 5604 交回政府，交換了兩塊土地：7434 和 7435（見圖 14.1 和 14.2）。其中 7434 用做學校（至德公立學校），而 7435 則是祠堂。兩塊土地互相為鄰，但有圍牆間着。新舊祠堂相比，衙前圍村民（1982 年的訪問）時常慨歎新祠堂的面積小了三倍。其實政府把大部分的土地劃入了吳氏至德學校校舍內，佔地達 2,000 平方米，因而祠堂所佔的地面便相對減少了，結構上亦改為單進式的設計。

1966 年衙前圍七約打醮，也是新吳氏宗祠開光的日子。為隆重其事，吳氏邀請了副輔政司許舒蒞臨啟鑰，並拍照為念（見圖 14.3 和 14.4）。但是，除了這個祠堂，吳成達祖的嘗產只剩下一所

2　吳渭池口述、梁錫麟筆錄：《吳渭池傳略》，1974 年，手稿。

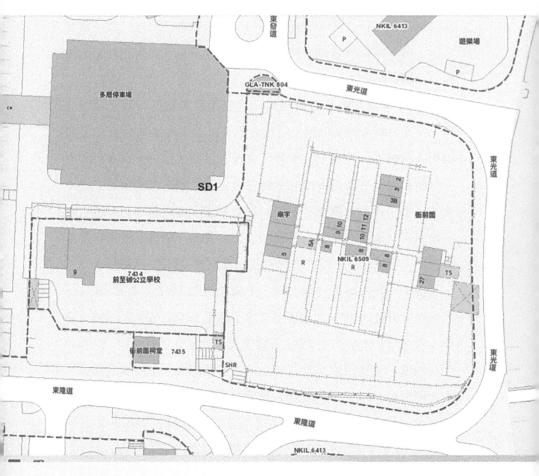

圖 14.1　SD1 IL 7434 和 7435，分別是至德公立學校和吳氏宗祠。資料來自「地理資訊地圖」網站，2023 年 10 月 29 日瀏覽。

圖 14.2　1969 年的衙前圍，圍村左方有剛搬遷至此的吳氏宗祠，以及在旁
　　　　的至德學校。（前衙前圍鄉公所懸掛照片，2011 年翻拍）

圖 14.3　1966 年新吳氏宗祠開光，邀請了副輔政司許舒蒞臨啟鑰。
（吳氏宗祠內懸掛照片，2012 年翻拍）

圖 14.4　吳氏宗祠。2000 年攝。

村校而已，缺乏了可以租出去維持祠堂祭祀的資金。1997 年，祠堂貼出告示，族人在祠堂內可以安放祖先神位和骨灰位，祖先神位 800 元、骨灰位 500 元。除了祖先祭祀，吳成達祖還要處理每年一次的天后誕和十年一屆的太平清醮。按道理說，天后誕是由吳陳李三姓祖給資，而太平清醮則是七約的聯村活動，可是，早在 2000 年之前，九龍中部大部分鄉村已經被拆，而陳李二姓也基本上遷出市區，只餘下吳成達祖苦苦支撐。

　　2008 年 9 月，至德公立學校由於收生不足而正式停辦。這 2,000 平方米的市區土地是吳氏的，如果能夠出售，肯定可以賣到很好的價錢。但據訪問得知，當年政府批出的土地契約規定，這塊土地只能用作教育或慈善用途！

第 十 五 章

兩個客家村

一、大磡村

香港的客家人，多祖籍廣東五華，在清初復界後徙居過來，初時以打石為業，後部分發跡，轉工為農，並開村立族，媲美本地村落。九龍中部的大磡村朱氏便是其中一個好例子。

跟許多昔日香港的客家人一樣，朱氏的祖先是石匠。據朱氏族人朱石年（1922 年生）的追述，清乾隆二十七年（1762），來自廣東南雄州長樂縣（民國後改名五華縣）的朱居元，帶着夫人和八子一女，來到香港島石塘咀打石謀生。後來因為該處虎狼出沒，又時有海盜為患，朱氏一家便遷至九龍沙挖埔及香港鶴咀等地。乾隆四十六年（1781）朱居元逝世，初葬新界大埔，後移葬

官富，而他的夫人鄧氏太婆則葬於馬遊堂。[1]

　　朱氏在大礆村「落擔」的始祖是朱居元的第八子朱仁鳳（1771－1843）。大礆村已經在日治時期被拆，據他的記憶，村落「背靠飛蛾山，面向黃廣田，阡陌縱橫，視野遼闊，左邊是沙地園村、上下元嶺村；右邊與蒲崗山遙遙相望，雞鳴犬吠，聲息可聞」。[2] 朱石年認為祖先仁鳳祖是有功名的人，原因是他的「牌門刻有六品軍功數字」。生前建有遺下石屋 12 間，每間 15 瓦坑；另外還有十多萬呎的田地。朱仁鳳生下三個兒子，由長至幼，分別是朱奕相、朱奕興和朱奕隆。[3]

　　一位衙前圍吳氏村民在 1982 年被訪時（67 歲）說，其實大礆村朱氏原是吳氏佃戶，只是後來有某吳氏鄉長因女兒嫁入朱氏，便在租契上加上「永遠」二字，使吳氏以後再也不能過問大礆村之事情云云。此事沒有證據和進一步資料，但朱居元遷居九龍沙挖埔，九龍中部村民普遍稱沙埔村，那是衙前圍吳氏繁衍出來的子村落。那麼朱氏在大礆村「置有田地」之前，可能真的曾在沙埔村佃耕吳氏的田地。這個說法，可以解釋大礆村作為一個客家村，何以能一直與衙前圍保持緊密聯繫？大礆村不單是七約的一員，每年衙前圍正月十九進行陸上龍舟儀式時，它的草龍船會巡

1　　朱石年：〈六十年重修譜牒記〉，《春秋雜誌》，第 799 期（1992 年 8 月），第 28 頁。

2　　朱石年：〈六十年重修譜牒記〉，第 24 頁。

3　　2007 年朱石年完成手稿一份，內容是關於大礆村朱氏的歷史，並寄送副本給筆者。無題，姑且名之為〈大礆村朱氏的歷史〉，2007 年，第 6 頁。

遊大磡，而大磡村村民也進行捐獻（見本書第六章「陸上龍舟」）。

　　道光二十三年（1843），朱仁鳳去世，他遺下的房屋和田地由三個兒子共管，形成三房子孫。他們將正中一間房屋作為祠堂，然後把其餘房屋均分。[4] 朱石年屬於第二房。他本人的線系是朱仁鳳─朱奕興─朱長發─朱有亮─朱錦安─朱石年。朱石年記憶，祖父有亮公名下有兩座大屋，父親錦安公便是在該處出生，當時已經是光緒十八年（1892年）了。1900年，三房人重修祠堂，並且訂下春秋二祭。朱氏甚至以五百大元的利是，請了時在香港大學任教的國學大師朱汝珍光臨祠堂，值得注意的是，當時的五百大元，足可購置十五坑瓦的石屋一座。[5]

　　朱氏在重修祠堂之後，也開始編修族譜。雖然朱石年認為朱氏早有族譜，說當朱居元在乾隆二十七年來香港地區時，有從故鄉帶來的一塊神主牌和用玉扣紙手抄的族譜，但其實他從來沒有翻閱過。朱石年說：「我的太祖朱居元公從長樂帶來的一本族譜，一向存放在大磡村朱氏宗祠之內，是用玉扣紙釘裝的，當時已十分殘舊，我曾視而生畏。自香港淪陷後，日寇將大磡村拆平了，存放在祠堂的一本族譜亦已下落不明。」[6]

　　新的族譜是由朱石年祖父朱有亮主持的。朱有亮生於1860年，大約在1930年，他有感自己在族中年紀最大，於是負起了重

4　朱石年：〈大磡村朱氏的歷史〉，第5頁。

5　朱石年：〈九龍城寨的一頁滄桑史〉，《春秋雜誌》第782期（1991年3月），第34頁。

6　朱石年：〈六十年重修譜牒記〉，第26頁。

修族譜的責任。「修譜的工作是在祠堂展開，在近天井處擺了三張八仙桌，三房子孫各據一桌在抄錄宗譜，由東周列國開始，經過漢晉唐宋元明，一直抄到清朝的光緒宣統。輪到本身的一房便要分開寫了。」[7]

　　曾經置有農田、村屋和祠堂的大磡村，在日治時期全被拆掉，村民完全被遷離。1945 年香港光復，原有的大磡村土地立即成為許多中國內地人逃避戰禍的避難所。因此當朱氏族人返回老家故地時，發現原有家園不少地方已是遍佈寮屋。起初朱氏曾試圖向這些非法土地佔有者徵收租金，但最後因對方強橫兇惡而罷休，變成弱勢地主。

　　雖然是弱勢地主，大磡村朱氏仍然擁有不少農地。根據一份在 1963 年由新界民政署署長發出的「執照」（rent roll），朱仁鳳祖擁有九龍中部以下的地段：

丈量約份	地段號數	面積（英畝）
S.D. 2	466	0.43
S.D. 2	467 R.P.	0.02
S.D. 2	740	0.61
S.D. 2	741	0.44
S.D. 2	757	0.07
S.D. 2	766	0.15
S.D. 2	767	0.17

表 15.1　朱仁鳳祖擁有九龍中部地段

7　朱石年：〈六十年重修譜牒記〉，第 26–27 頁。

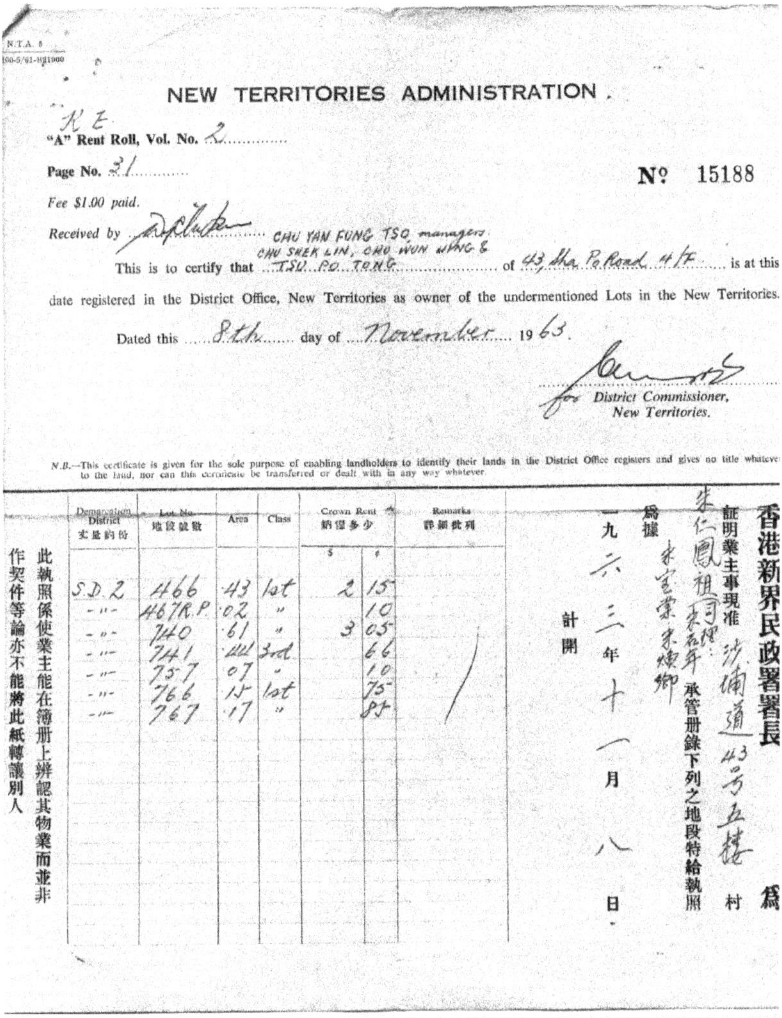

N.T.A. 5

NEW TERRITORIES ADMINISTRATION

"A" Rent Roll, Vol. No. 2

Page No. 31

No 15188

Fee $1.00 paid.

Received by ......

This is to certify that CHU YAN FUNG TSO managers CHU SHEK LIN, CHU WUN HING & TSU PO TONG of 43 Sha Po Road 4/F is at this date registered in the District Office, New Territories as owner of the undermentioned Lots in the New Territories.

Dated this 8th day of November 1963.

for District Commissioner, New Territories.

N.B.—This certificate is given for the sole purpose of enabling landholders to identify their lands in the District Office registers and gives no title whatever to the land, nor can this certificate be transferred or dealt with in any way whatever.

Demarcation District 丈量約份	Lot No. 地段號數	Area	Class	Crown Rent 納糧多少 $	¢	Remarks 詳細批列
S.D.2	466	.43	1st	2	15	
-"-	467R.P.	.02	"		10	
-"-	740	.61	"	3	05	
-"-	741	.44	3rd		66	
-"-	757	.07	"		10	
-"-	766	.15	1st		75	
-"-	767	.17	"		85	

香港新界民政署署長　為

證明業主事現准　沙浦道43号五樓　村

朱仁鳳祖 司理：朱石年 朱寶棠 朱煥卿 承管冊錄下列之地段特給執照

為據

計開

一九六三年十一月八日

此執照係使業主能在簿冊上辨認其物業而並非作契件等論亦不能將此紙轉讓別人

圖 15.1　1963 年大磡村朱仁鳳祖的納糧執照，司理有三人，他們分別是長房的朱煥卿、二房的朱石年和三房的朱寶棠。(2007 年朱石年寄贈筆者副本)

從圖 15.1 可見，朱仁鳳祖的司理有三人，他們分別是長房的朱煥卿、二房的朱石年和三房的朱寶棠。

除了大太公的田產外，各房自己也有物業。例如 1966 年朱李氏（朱石年母親）便將地段號數 765 和 1803，以年租 240 元租與一位工業家，為期五年，期滿可優先續約。

1988 年，香港政府為着興建大老山隧道，已經徵收了大磡村的部分土地。到了 1992 年 6 月，政府再刊登憲報，要求收回大磡村其餘私人土地，以便發展公共交通交匯處和一個商住中心（即現在的荷里活廣場）之用。[8] 至此，九龍中部這個單姓客家宗族村落走到盡頭。

二、牛池灣村

大磡村的故事，記錄了朱氏這客家家族，由佃戶發展到建立自己的村落，而且得到周邊本地村莊的尊重和邀請參與節日慶典，那是不可多得的事情。在九龍中部外圍的地區，大大小小的客家村莊多不勝數，但大部分都是相對貧窮、雜姓定居，而且缺乏緊密的鄉村組織，其中比較具規模的是牛池灣村。

牛池灣村的歷史不知有多久。在 1866 年由一位意大利傳教士所繪畫的《新安縣全圖》中，在今牛池灣位置上標示了「牛屎灣」的地名。對於這個富有鄉土氣息的名稱，有年老的村民雖表示有

---

8   朱石年：〈六十年重修譜牒記〉，第 29 頁；〈談客家之旅，並更正上次所寫的族譜〉，《春秋雜誌》，第 806 期（1993 年 3 月），第 23 頁。

聽聞，但卻不認同，指出牛池灣實本名「龍池灣」，亦正由於此，現時村內一條主要的小徑亦被命名「龍池徑」。但無論如何，早在1819年編的嘉慶《新安縣志》，已注明了「牛池灣」。

2001年，筆者兩度探訪了牛池灣村，並與當時年紀最大的幾位村民進行訪談。李先生說他的身份證的出生記錄是1918年，但真實年齡已達87歲（那便是1914年出生）。李先生告訴我村內的姓氏包括了杜、鍾、劉、朱、李、譚、張、申、陳、廖、黃、楊、余、葉、馮、盧、曾、彭、吳。他估計牛池灣村的歷史大約有二百年，認為杜氏比較早來，然後是劉氏。至於他本人，是從祖父開始遷來牛池灣定居，父親則於光緒四年（1878）出生，所以自己是第三代。一直講客家話，到16歲才學白話。沒有認真讀過書，他說卜卜齋相當於中學程度，不是每個人都能負擔得起的，窮人讀兩年書便要打工。

當詢問到祖先的歷史，李先生似乎有點模糊，說祖父遷來牛池灣之前，曾在西貢爛泥灣住過。他本人也曾回到爛泥灣找尋祖先的歷史，發現當地是講圍頭話，又叫「畬話」。他找到了當地的李氏宗族，看了族譜（不准帶走），但沒有發現自己父祖的名字。李先生似乎對此耿耿於懷，對筆者說族人名字不在族譜內可以有很多原因的，例如族人在鄉下曾被欺負，於是離開鄉村後便不肯再承認自己的宗族。無論如何，這次的「尋根之旅」，也釐清了祖先的源流。他從爛泥灣的李氏族譜內，知悉了自己祖先是來自江西的。

說到以前的牛池灣村，李先生以「窮鄉僻壤」來形容，直言是等於國內的貧困山區，建造房屋的材料很不統一，有的是泥磚

屋、有的是散石屋（即是用不同大小形狀的石頭砌成），唯一比較可觀的青磚屋，是劉姓村民在某年中了幾萬元馬票而建成的，當時很「巴閉」，其實之前也是泥磚屋（圖 15.2）。很多人在三四十歲便去世，很少活到五十歲的，人丁很少。他們都是客家人，在牛池灣耕菜園、養豬。部分客家人打石為生，打地頭石，即石板，但也強調牛池灣村本身是沒有石塘的。也有許多人行船，主要是在遠洋輪船上當西廚，做餅、做蛋糕之類。他的父親就是行船的。至於他本人，在 1953 年韓戰的時候去了軍部打工，說人工很好，月薪有 200 多元。

　　李先生說牛池灣本身沒有墟，也從沒有聽說當地有什麼天光墟的市集。說無論讀書抑或買東西，村民都要去九龍城。大磡村朱石年曾說過，在戰前，即使是從大磡村出九龍大街，交通也是非常不方便，此因當時九龍巴士公司的巴士，無論是從尖沙嘴或佐敦碼頭開出，皆以黃廣田（黃廣田是中華總商會創會會長，該處附近都是他的土地，於是九巴便把該地名為黃廣田）作為終點站，牛池灣還未通車。[9] 按道理說，牛池灣可以是西貢人出九龍城的中途站，但李先生說，以前的人都覺得牛池灣人很惡，很不講道理，所以西貢人都不敢走近。

　　牛池灣村的村民也有宗族概念和祖先祭祀，但不是大磡村朱氏那種規模。上文提過，杜氏在牛池灣的歷史最久，在座的杜先生也說家有族譜，經筆者請求，他從家中找來了，那是薄薄的線

9　　朱石年：〈大磡村朱氏的歷史〉，第 7 頁。

圖 15.2 2001 年的牛池灣村，大部分都是鐵皮寮屋、泥磚屋和散石屋，這
　　　　一間的青磚屋已經是最可觀的了。不過屋的左邊也已拆去，改用
　　　　鐵皮物料了。2001 年攝。

裝本，封面沒有標題。翻閱之下，不難發現內容主要是杜氏的簡單世系資料，包括了開基祖杜念五郎，杜氏後來遷到永安（按：廣東永安縣，民國初改紫金縣，與五華縣相鄰），而族譜最後一個祖先，便是杜先生的父親——十五世祖杜大公慶榮。換言之，牛池灣的杜氏，只是純粹延續永安杜氏，沒有自己的九龍開基祖。李先生告訴我牛池灣有很多祠堂，例如姓劉有三個祠堂，姓楊也有三個。筆者參觀了楊氏祠堂，是鐵皮屋。楊先生說由於政府收地，原有祠堂被拆，但政府容許他在官地上蓋建一所寮屋作為祠堂。楊氏祠堂平時是鎖起來的，開門進去，發現只放有一個古老神龕，神龕內有書有四代祖先名字的木板。見圖 15.3 和圖 15.4。

圖 15.3 牛池灣村楊氏祠堂。楊先生說由於市區重建關
係，楊氏祠堂被拆，政府讓他在官地上重建祠
堂。2001 年攝。

圖 15.4　楊氏祠堂內的祖先神龕，木主上書有楊氏四代祖
　　　　　先，楊先生說已有二百年歷史了。2001 年攝。

第 十六 章

孤獨的大王爺

　　清朝的新界村落，無論本地或客家，在建村的時候，往往同時建立一個叫做大王的土地神，村民多尊稱之為大王爺。大王爺的保護範圍，就是村落的範圍。除了大王，鄉村也有伯公社壇，是土地神的一種，多是建築在路口或水口，目的是擋煞。一般來說，一個村莊，只有一個大王，伯公則有數個，讓人感覺到大王是較伯公高級的。

　　牛池灣村有大王爺，戰前村民每年慶祝大王誕。余先生，牛池灣人，在 1997 年訪問的時候，他 70 歲（即 1927 年出生），他記得以前村民若生下男丁，會在大王誕的時候去拜大王爺，並掛上燈籠，以示感恩。不過余先生沒說大王誕的日期，筆者在 2011 年重訪牛池灣，時余先生已故，筆者詢問了與余先生同代甚至更老的村民，他們仍然記得大王誕，但說已經多年停辦，日子也記

不起來了。

以前的牛池灣村，不單每年有大王誕，還每十年舉行一次客家式的太平清醮，稱為「安龍清醮」。「安龍」流行於新界的客家村，現今還有少數鄉村進行。顧名思義，是請客家喃嘸師傅重新安定鄉村周邊的風水龍脈；至於「醮」，目的是「侍陽侍陰」，意即藉着向乞丐（陽）和無主孤魂（陰）進行佈施，達到安撫社區的目的。若按照筆者在新界的田野經驗（包括了 2011 年西貢井欄樹村的安龍清醮），打醮期間，村民會在戶外搭蓋戲棚，將鄉村主神迎請出來欣賞表演節目（傳統戲劇）。因此可以想像，在牛池灣安龍清醮中，大王爺的地位是相當重要的。

在 1997 年的訪問中，余先生表示看過數次牛池灣安龍清醮，每十年一次，共四日五夜。1914 年出生的牛池灣村民李先生，記得在他六歲的時候也看過安龍。他指出安龍是牛池灣的大事，村民除搭棚做戲外，還邀請僧侶和道士做儀式。而附近鄉村，包括衙前圍村，均組織景色隊，前來賀誕。

余先生依稀記得最後一次打醮是在 1950 年代，但確實是哪一年，余先生已記不起來了。他特別強調，該年打醮意義非常大，因為日治時期許多村民去世，做一次打醮，大家都可以安心一點。但這次之後，牛池灣村便停止了打醮。在那最後一次打醮中，他記得牛池灣村內依人頭捐錢——大人一元、小孩五毫，不分男女。至於儀式，余先生的記憶則比較模糊不清，一方面說儀式有「上刀山」（按：法師赤腳登上由鋒利的刀所組成的高梯），但又強調牛池灣的打醮不牽涉神明降身，因為那些都是不正派的儀式。

安龍清醮是牛池灣全村重要的節誕，除了村民，村內的齋堂也積極參與。2001年，筆者考察了該村的萬佛堂（圖16.1）。萬佛堂在1915年創立，是三座相連的兩層高建築，筆者估計上層建築都是給齋姑的住房，至於下層，位於中間的建築物掛上石製「萬佛堂」牌匾，筆者在那裏訪問了90歲以上的黎姑，以及負責日常打理堂務的女士，估計60至70歲之間，詢之姓名，她說可稱她作師太。此外，筆者也參觀了旁邊的建築物，掛上藍色木板牌匾，上書「誠格幽冥」，小字上款題「戊午年馬棚火災建醮荷蒙報效超渡亡魂……」，下款「萬佛堂大道長雅鑒，東華三院暨和闐港建醮值理敬題」。考馬棚火災是在1918年發生，約六百人遇難。事後有團體在附近蓋搭醮棚，延請高僧道士開壇超渡亡魂。從這匾額看，萬佛堂也參與了超渡儀式。進入這建築物，可以看到超過一千個神主牌，分列左右由高至低排列，正中最高位置，安放了地藏王（圖16.2）。訪問期間，師太以「祖先」稱呼這些神主牌，筆者估計她們都是曾在萬佛堂居住的齋姑。

訪問中，師太說開山祖二姑婆，來自西樵，向當地人買地，現在也不知是跟誰買，總之是分了幾次買入土地，才逐漸擴建成今日萬佛堂的規模。這個說法，相當配合目前的田土登記。萬佛堂所坐落的土地，是來自兩個私人土地（SD2 Lot 1332、Lot 1656）的部分地帶，另外也佔用了部分官地。黎姑（師太稱她阿太），應算是第一代的齋姑。二姑婆就是她的姑媽，八十多年前，黎姑八歲，跟隨姑媽來到萬佛堂，從此住了下來。日治時期，萬佛堂清空，黎姑曾一度遷去旺角一帶居住，和平後才又回來，直至今天。

在訪問中，師太強調二姑婆是自梳女，黎姑也是如此。這種

圖 16.1　萬佛堂。2001 年攝。

圖 16.2　過千個的神主牌，都是齋姑的「祖先」。2001 年攝。

強調，在許多齋堂的訪談和記錄中常見，導致學者往往不大準確地將齋堂和華南地區的自梳女傳統連結起來。二十世紀初，牛池灣至少有七間齋堂，包括 1913 年創立的芝蘭堂、1915 年創立的萬佛堂、1925 年創立的金霞精舍、1932 年創立的永樂洞和 1933 年創立的藏寶洞等等。

村民對這些齋堂是有不同看法的，主要是視乎齋堂收容的婦女對象。他們說，進入齋堂渡過晚年的，固然有的是梳起不嫁的順德媽姐（這是最有錢，也是最受村民尊敬的），也有二奶和妓女。1914 年出生的村民李先生，說童年時牛池灣村曾經發生天花，他也是感染者。當時牛池灣附近的三山國廟廟祝，一直在廟內替人作法醫病。有人找他診治，他便以紅巾纏頭，在自己所安放的神像（不是三山國王）面前作法驅疫。天花出現後，廟祝便跟村民說，瘟疫是來自一個訪村和尚的惡意施法。原因是由於該名和尚知道村內有齋堂專門收留妓女，弄到社區不乾淨，於是便在某處的地下埋了符咒去陷害她們，可惜結果是齋堂沒事，反而害了村民。在村民的請求下，廟祝施法，並在村中挖出該符並且燒掉。李先生並不相信這個廟祝，他懷疑從始至終都是他在作故事，否則沒可能知悉符的埋藏地點。筆者深深覺得，騙子能得償所願，是由於被騙的人對部分齋堂實在存在歧視。

根據訪問，萬佛堂曾參與兩次安龍清醮。帥太強調，打醮期間，全村吃素，市場和商店也不准賣肉，而村內四間齋堂（金霞精舍、永樂洞、淨室、萬佛堂）積極參與，一齊拜懺三日。進行訪問的 2001 年，當年參與安龍的四間齋堂，除了萬佛堂外，均已拆卸不存。不過，萬佛堂的大廳內仍然掛着一張若干齋姑做「放

焰口」儀式（作用是超渡孤魂野鬼）的照片，照片沒有年份（圖16.3）。據師太說，這些阿姑來自淨室（據余先生的記憶，淨室位於今威豪花園附近）。

　　萬佛堂雖然是婦女修道的齋堂，一直與打理大王宮的牛池灣村村民保持非常友好的關係。2001年考察，見牛池灣鄉公所內有關帝神龕。詢之村民，說是金霞精舍（今威豪花園的土地）被拆時，關帝無處安置。村民於是問杯，得到神明指示，便搬了來鄉公所。事實上，當年筆者能夠考察萬佛堂，也是因為村民的介紹和陪同，才得以順利進行。訪談期間，筆者聽到村民以「牛奶姑」稱呼師太，雖然不知其意，但也感覺到雙方親切的關係，而這種關係是來自安龍。在萬佛堂的大廳，掛有一個題為「顯聖慈航」的大玻璃鏡面，上款是「萬佛堂惠存」；下款是「乙巳年牛池灣鄉安龍值理會敬送」（圖16.4）。另外，考乙巳年是1965年，那麼牛池灣村最後一次的安龍，是在1965年。

　　牛池灣村的大王社壇在1976年興建彩虹邨地鐵站時被拆，遷到現時村內的位置，佔地頗大，村民稱之為大王宮（圖16.5）。[1]

　　2011年的大王宮，由三組社壇所組成，呈品字形。中間的社壇才是牛池灣的大王，有石香爐一個，刻上「甲寅年吉月吉日」，應指1974年。它的右邊社壇，分為四個神位，從右到左寫上了田心伯公、老屋伯公、楊屋伯公、河瀝背伯公。至於左邊社壇，還未有寫上專屬名號，由右到左，只是簡單的寫上伯公、伯婆、伯

---

[1]　在2001年時，筆者在牛池灣鄉公所看到室內有牛池灣大王宮開光鄉民合照，日期是1976年5月22日。

圖 16.3 萬佛堂的大廳內掛着一張替牛池灣社區做「放焰口」儀式的照片，
　　　　 據師太說，這些阿姑來自牛池灣內的淨室齋堂。

圖 16.4　在萬佛堂的大廳有牛池灣鄉安龍值理會送給萬佛堂的玻璃鏡
　　　　面，日期是乙巳年（1965），那可能是牛池灣村最後一次的
　　　　安龍清醮。

圖 16.5　大王宮，一共有三組社壇，中間一組才是牛池灣的大王爺。2023
　　　　年攝。

圖 16.6 大王宮右邊社壇，是田心伯公、老屋伯公、楊屋伯公和河瀝背伯
　　　　公，都是附近鄉村被拆後安置到這裏來的土地神。2023 年攝。

公、伯婆。村民告知，這些都是在政府興建地鐵的時候被拆的小鄉村。鄉村被拆，同屬土地神的伯公們便被搬到這裏安置了（圖16.6）。筆者懷疑，這些「客神」，可能也曾是所屬鄉村的大王爺，只是現在要寄人籬下，便不得不稍稍降低身份了。

2023 年，政府已有方案清拆牛池灣村，不過會保留萬佛堂和大王宮。但沒有村民作橋樑，兩個宗教建築大概將會是獨立存在、不相往來的了。